PORC BRAISÉ

An Yu

PORC BRAISÉ

Traduit de l'anglais (Chine)
par Carine Chichereau

Delcourt

TITRE ORIGINAL :
Braised Pork

Conception graphique :
Studio Delcourt/Soleil – Gaëlle Merlini

Première publication
Par Harvill Secker

ISBN : 978-2-413-03821-4

CHAPITRE 1.

Le foulard orange de Jia Jia glissa sur son épaule et tomba dans la baignoire. En sombrant, il prit une nuance plus foncée, et vint se poser sur la tête de Chen Hang, tel un poisson rouge. Quelques minutes plus tôt, elle avait fait irruption dans la salle de bains, un foulard différent sur chaque épaule, pour savoir lequel son mari préférait, mais elle l'avait trouvé écroulé dans la baignoire à demi remplie, la tête en avant, le postérieur sortant de l'eau.

« Oh, c'est charmant ! Tu essaies de te laver les cheveux ? » avait-elle lancé.

Pourtant ce n'était pas son genre de faire pareille blague. Était-il possible qu'un homme adulte se noie dans sa baignoire ? Elle avait alors pris son pouls et passé la main sous son nez pour vérifier qu'il respirait. Puis elle l'avait interpellé, était entrée dans l'eau, l'avait saisi par le torse afin de le relever pour qu'il soit au moins dans le bon sens. Impossible de le faire bouger, il était aussi rigide qu'un robot cassé.

L'ambulance arrivait, du moins, c'est ce qu'on lui avait dit. Jia Jia s'effondra à genoux sur le carrelage beige. Elle retira la bonde pour vider la baignoire. C'était l'unique idée qui lui soit venue à l'esprit, à croire que sans l'eau Chen Hang allait à nouveau pouvoir respirer. Les bras croisés sur le rebord émaillé, elle observait son mari telle une sculpture dans un musée, guettant chez lui un ultime sursaut de vie. Elle n'avait jamais vu pareille immobilité. Elle était certaine qu'il s'agissait là du premier moment de silence qu'ils partageaient depuis quatre ans qu'ils étaient mariés. Même quand ils dormaient, il y avait du bruit : l'air conditionné, ses ronflements, les voitures au-dehors. Son corps recroquevillé lui paraissait de plus en plus gris et dépourvu de substance, semblable à de l'argile sèche, sans vernis, prête à s'effriter. Jia Jia eut envie de vomir, et soudain elle s'aperçut qu'elle ne respirait plus elle non plus. Elle se couvrit la bouche et essaya de penser à autre chose. Combien de temps fallait-il à un corps pour refroidir après la mort ? Quelques minutes ? Une heure ? Plusieurs ? Elle l'ignorait. L'humidité l'étouffait, comme des mains sur sa gorge, et la salle de bains de marbre qui lui avait toujours paru trop grande lui sembla soudain suffocante, trop petite pour qu'ils restent là tous les deux. Elle comprit alors que Chen Hang n'avait pas eu le temps de songer combien ce lieu était impropre à la mort. Il n'avait pas pensé à Jia Jia, qui serait forcément seule en le trouvant, et obligée d'attendre que quelqu'un vienne l'aider. Il ne s'était pas représenté ces quelques minutes après le choc de la découverte de son cadavre nu, sans quoi il aurait choisi une autre manière de mourir.

Un peu plus tôt, au petit déjeuner, Chen Hang avait marmonné en soupirant, la bouche pleine de cornichons, que peut-être ce serait une bonne idée de refaire le voyage à Sanya cette année. C'étaient les premières paroles encourageantes qu'il prononçait depuis des semaines. Il avait annulé leur voyage annuel l'année précédente pour des raisons restées obscures – prémonition de son désintérêt croissant pour elle, pour leur couple. Il ne l'avait jamais aimée, ça, elle le savait. Elle n'était pas bête. Mais ils s'étaient promis de rester toujours ensemble, unis non par l'amour mais par le désir commun de fonder une famille. Aussi, dès l'instant où il lui avait assuré vouloir demeurer son époux, tout le reste était devenu pardonnable.

« Quand partons-nous ? avait-elle aussitôt demandé tandis qu'il continuait à mâcher ses cornichons. Je commence à faire les valises après le petit déjeuner.

— Quand tu voudras. Je vais prendre un bain.

— Un bain ? »

Jia Jia savait que Chen Hang n'était pas du genre à prendre des bains ; c'était un homme bien trop austère pour trouver du plaisir à s'immerger dans l'eau chaude, préférant une bonne douche, selon lui plus rapide et plus efficace pour se laver. Elle avait voulu éclaircir ce mystère – elle avait vite avalé la nourriture, bu de l'eau et ouvert la bouche – mais avant d'avoir prononcé un mot, elle avait changé d'avis et décidé de garder le silence, de crainte que ses questions ne l'irritent, ou pire, ne le mettent de mauvaise humeur si tôt dans la journée.

« Ne prends pas trop d'affaires », lui avait-il annoncé avant de finir son bol de *congee* d'un trait.

Jia Jia l'avait entendu placer la bonde au fond de la baignoire, puis faire couler l'eau. C'était le mois de novembre, et elle venait de réorganiser leurs armoires pour l'hiver. Elle avait ouvert la valise de son mari, et elle était montée sur une chaise pour attraper les vêtements d'été, tout en haut du placard. Elle ne voulait pas se laisser distraire, de crainte d'oublier quelque chose. Il était hors de question que ce genre d'incident gâche leur voyage. Qu'il profite donc de son bain, avait-elle décrété, qu'il prenne un peu de temps pour lui.

Au bout de quatre ans de mariage, faire la valise de Chen Hang était un jeu d'enfant pour Jia Jia. La première fois qu'elle s'en était occupée, c'était pour leur voyage de noces. L'expérience avait été un désastre. Elle avait pris trop de chaussettes et oublié son échiquier. Par la suite, elle avait vite appris ce qui convenait à son mari : rouler les sous-vêtements et plier les polos, disposer l'échiquier de manière à ce qu'il soit protégé lors des contrôles, et garder un petit espace libre en haut à droite pour ses cigares, qu'il choisirait lui-même.

Faire sa propre valise était une autre histoire. Elle n'avait pas eu le temps d'acheter de nouveaux vêtements – chose que Chen Hang lui avait toujours conseillée avant un voyage.

« Va faire les magasins, lui disait-il. Achète-toi ces trucs nouveaux en vitrine. Tu seras jolie, pour aller à la plage. Et tu seras contente. »

Peut-être qu'elle irait demain. Mais son mari lui avait dit de manière explicite de ne pas emporter trop de choses. Avait-il des soucis financiers ? Ses affaires rencontraient-elles des difficultés ? Elle eut envie d'interrompre son bain pour lui poser la question. *Pourquoi prends-tu un bain ? Ça ne t'arrive jamais. Il y a un problème au travail ?* Elle était son épouse, pas sa maîtresse, elle avait le droit de savoir. Mais comme souvent avec lui, elle avait peur de toucher à un sujet dont il ne voulait pas parler.

Elle avait finalement décidé d'aller le voir, au cas où le bain l'ait adouci et que, par chance, il décide de lui-même de s'ouvrir à elle. Aussi avait-elle attrapé deux foulards, un orange et un à fleurs, attendu encore quelques minutes, travaillé son sourire, puis poussé doucement la porte de la salle de bains.

Elle aurait dû lui demander tout de suite, dès le petit déjeuner. Il lui fallut ravaler sa question. De ce point de vue là, rien n'avait changé. Soudain, elle éprouva un ressentiment et un dégoût insurmontables envers cet homme qu'elle avait laissé l'épouser. Elle se précipita vers les toilettes pour vomir, incapable de réprimer ses nausées plus longtemps, paupières crispées. Il l'avait trahie. Abandonnée. Il n'avait pas honoré la seule promesse qu'il lui avait faite. Et il lui parut alors tout à fait répugnant : ses sourcils froncés même dans la mort, le ventre pendouillant comme une besace, le crâne de plus en plus dégarni.

En relevant la tête, elle remarqua un morceau de papier posé sur une pile de serviettes près du lavabo. La feuille était pliée en son milieu, elle s'ouvrait et se fermait doucement. Elle paraissait vivante, dans la pièce immobile. Jia Jia l'attrapa, l'ouvrit et découvrit un dessin : un corps de poisson avec une tête d'homme. Il était de la main de Chen Hang – elle reconnut son style grossier.

La courbe de l'épine dorsale dessinait le corps semé d'écailles de la créature. L'esquisse avait beau être primaire, la queue paraissait large et puissante. L'ensemble avait été exécuté en hâte, mais la partie humaine, à l'inverse du reste, avait été traitée avec une grande précision. La tête était de chair et de sang, chaque détail bien présent. Les rides, les poils du nez, les poches sous les yeux. C'était la tête d'un homme dont le regard plongeait droit dans celui de l'observatrice, vers un lointain point de fuite. On aurait dit une photo d'identité, sans sourire ni expression. Rien dans ce visage n'attirait l'attention, à part ce front large et dégarni. Il ne témoignait ni d'un passé étrange, ni d'un avenir captivant.

Le dessin rappela à Jia Jia un rêve que Chen Hang lui avait raconté un mois plus tôt. Il était alors parti seul au Tibet pour faire ce qu'il appelait « une escapade spirituelle loin de toute cette merde ». Chen Hang n'était pas un homme religieux, il se contentait juste de glisser quelques pièces chaque fois qu'il entrait dans un temple ou une église. Régulièrement, il entreprenait ce genre de voyages en solitaire. Jia Jia savait qu'il en avait besoin, mais elle préférait ne pas en imaginer les raisons. Elle se rassurait souvent en se disant qu'elle était son épouse, la femme qui habitait dans sa maison, qu'il avait choisi sa partenaire dans la vie avec la plus grande considération, et qu'il ne l'abandonnerait jamais, même si son cœur s'attardait de temps en temps dans le lit d'une autre. Aussi, lors de chacun des voyages de son mari, c'était elle qui préparait sa valise, lui disait au revoir à la porte, puis l'accueillait à son retour.

Ce récent voyage au Tibet, un mois plus tôt, était le premier de Chen Hang. Une nuit alors qu'il était là-bas, il l'avait appelée pour lui parler de l'homme qui lui était apparu en songe.

« C'était à peine un homme. En réalité, c'était un poisson servi sur une assiette, et tout le monde en mangeait. On l'a dévoré, jusqu'à la dernière parcelle de chair. Même les arêtes. Mais au moment où on s'est attaqués à la tête, il s'est mis à parler. Qu'est-ce que j'ai eu peur ! Je suis même étonné que ça ne m'ait pas réveillé. Et quand il a pris la parole, je me suis aperçu que ce n'était pas un poisson, mais un homme. Il parlait, riait, nous a raconté qu'il était en retard et qu'il ne fallait pas l'attendre pour commencer à manger. J'entends encore son rire tonitruant. »

Il ne se souvenait pas du reste du rêve, et il ignorait qui était cet homme. Sur le moment, Jia Jia n'y avait pas accordé grande importance. La seule chose qui avait retenu son attention, c'est que Chen Hang devait être seul pour l'appeler ainsi au beau milieu de la nuit, qu'au moins cette fois, il n'était pas au lit avec une autre. En fait, elle avait totalement oublié ce rêve jusqu'à cet instant, car après son retour du Tibet, Chen Hang ne lui avait jamais reparlé du poisson ni de l'homme.

CHAPITRE 2.

Seul derrière le comptoir en bois sombre de son bar, Leo préparait un verre pour son dernier client. Il portait une chemise blanche sous un gilet noir, avec un nœud papillon bordeaux, et il avait remonté ses manches jusqu'au coude pour laver les verres. Sur la platine, le disque de Billie Holiday se termina, aussi s'essuya-t-il lentement les mains pour le remplacer par un album de Chet Baker. Il veillait toujours à être discret et bien élevé, limitant ses gestes au strict nécessaire, un art que des années de pratique avaient mené à la perfection. Il riait rarement à gorge déployée, il se montrait néanmoins amical, engageant à l'occasion la conversation avec ses clients quand le bar était calme. Aucun d'entre eux ne connaissait son véritable nom, « Leo » était bien suffisant. Il aimait cette espèce de secret – derrière son bar, il devenait un professionnel plein de détachement. Et puis avoir un nom anglo-saxon apportait quelque chose de sophistiqué au lieu.

Le rythme de la soirée s'était ralenti, il ne restait plus qu'une cliente assise au bar. Une femme d'une trentaine d'années qui venait là presque tous les soirs depuis quelques semaines. Leo connaissait son défunt mari, Chen Hang, décédé un mois plus tôt. Le couple vivait dans la résidence privée de l'autre côté de la rue – le bureau du mari était tout près également –, c'était un habitué des lieux qu'il fréquentait parfois seul, mais le plus souvent accompagné. De temps à autre il amenait son épouse, mais elle ne restait jamais plus de temps qu'il ne lui fallait pour boire un verre de vin. Elle ne buvait que du vin.

Leo prenait soin de toujours bien observer ceux qui entraient dans son bar, il aimait connaître leur humeur afin de savoir comment s'adresser à eux, qu'ils soient accompagnés de clients ou d'amis. Il se souvenait très bien de Chen Hang : un homme toujours bien rasé, à la peau mate même en hiver. Il était évident qu'il vivait à Beijing depuis longtemps, à peine décelait-on parfois chez lui une pointe d'accent du Sud. La plupart des gens ne se seraient même pas interrogés sur ses origines, seulement Leo était né et avait grandi dans la capitale et, à force d'être barman, il avait l'œil. Chen Hang était grand pour un homme des provinces du Sud, avec de larges épaules et un physique robuste. Mais en repartant, il baissait la tête, la rentrait dans les épaules et pressait le pas. Qu'importe le nombre de villas et d'appartements qu'il possédait, jamais il n'aurait pu arpenter cette ville avec cet air d'être chez lui qu'on trouvait chez tous les natifs de Beijing, même les plus pauvres. Il n'avait jamais vraiment réussi à s'approprier les lieux.

Sa femme était différente. Il y avait en elle quelque chose que Leo ne parvenait pas à déchiffrer, une espèce de supériorité qu'il trouvait rafraîchissante, à croire que les interférences du monde n'avaient aucune prise sur elle. Elle avait beau être petite, sans rien de particulier, ses traits bien dessinés, son visage fin et ses épaules tombantes lui rappelaient ces femmes des anciens portraits à l'encre. Pas spécialement belles, mais incroyablement féminines. Chen Hang semblait avoir compris que la beauté et la jeunesse ne duraient pas, voilà pourquoi il l'avait choisie, elle, une épouse gracieuse, du genre qu'un homme aime amener avec lui à un dîner, car, même lorsqu'elle vieillit, il dispose du plus élégant accessoire propre à attirer toute l'attention sur lui. Lorsqu'il l'avait amenée au bar, c'était pour rehausser son statut, qui ne se plaçait plus seulement sur le plan de la réussite professionnelle, mais aussi personnelle. Toujours d'humeur égale, son épouse ne se départissait jamais de son sourire, toujours si raffiné, malgré ses incisives qui dépassaient un peu. C'était comme si on avait posé un couvercle sur ses émotions, et même quand elle bouillait intérieurement, le couvercle tenait bon.

Depuis la mort de son mari, elle avait pris l'habitude d'arriver un quart d'heure avant la fermeture du bar, forçant Leo à rester ouvert un peu plus que de coutume. Elle poussait la porte juste assez pour faufiler son corps, frêle, puis elle allait s'asseoir au bout du bar, posait son sac sur le siège voisin, commandait un verre de vin, détachait son chignon et laissait ses cheveux retomber. Le plus clair du temps elle était déjà ivre. Au début, Leo n'en était pas sûr, en effet elle ne parlait jamais à personne et ses gestes étaient toujours mesurés quelle que soit l'heure. Ce fut seulement le soir où elle arriva sobre qu'il vit la différence. Elle procéda à sa routine habituelle – bout du bar, sac sur le tabouret, un verre, cheveux défaits –, mais alors elle sortit une liasse de papiers et une paire de lunettes. Ce n'était pas le fait qu'elle lise qui dénonçait sa sobriété, mais plutôt la sérénité concentrée de son expression, à la fois pleine de curiosité et de détermination, telle une enfant qui entame la lecture d'un roman pour la première fois.

Ce soir, au contraire, elle avait bu plus que d'habitude. Elle s'assit sur le premier siège libre, envoyant son sac promener par terre. Elle commanda un cognac, que Leo lui servit avec un verre d'eau. Les yeux fixés sur le verre, elle se pencha, appuya sa bouche sur le bord, et but une gorgée.

« Ah… oui, c'est mieux. Je préfère les alcools forts. Pas vous ? dit-elle.

— Je bois toujours un verre de ce cognac avant d'aller me coucher, répondit Leo.

— Non, pas seulement avant d'aller dormir. En fait, je ne dors pas beaucoup. » Elle prit une nouvelle gorgée, étudia son reflet dans le verre, et tapota les poches sous ses yeux du bout du doigt. « Disons que j'ai pris l'habitude de boire du vin. Parce que vous savez, c'est plus élégant pour une femme comme moi. Mais parfois, j'ai besoin de quelque chose de plus costaud. » Elle ramassa son sac pour le poser sur le tabouret. « Gardez-moi la place, j'ai besoin de prendre l'air.

— L'air n'est pas sain, ce soir. »

Elle sortit son masque antipollution de sa poche et l'agita en l'air avant de pousser la porte.

Il neigeait et il faisait plutôt froid même pour une nuit de décembre à Beijing. La pollution contaminait les flocons qui tombaient, gros comme des graines de tournesol. Vers une heure du matin, la rue s'était repliée dans un profond sommeil sous une canopée gris clair. Jia Jia hésita et reprit son souffle, laissant l'hiver lui emplir les poumons avant d'expirer lentement. Elle songea à mettre le masque, mais changea d'avis et le rangea à nouveau dans sa poche. Elle alluma une cigarette en écoutant les bruits de la ville endormie. Ce soir-là régnait un étrange silence qui seyait au ciel d'un noir profond. Son immeuble se dressait juste en face, gigantesque et menaçant.

Cela faisait un mois. Les ambulanciers n'avaient pas eu besoin de transférer Chen Hang à l'hôpital pour prononcer le décès. Mais même après des examens approfondis, personne n'avait pu déterminer la cause de la mort. Les parents très âgés de Chen Hang étaient venus à Beijing depuis le Fujian et, au bout d'une semaine, ils avaient décrété qu'il était inacceptable de retarder plus longtemps les obsèques de leur fils, qu'il devait immédiatement rejoindre le cimetière familial (autrement, son âme serait perdue pour toujours). Par-dessus le marché, ils avaient passé trop de temps à l'hôtel. La mère ne pouvait dormir que dans son propre lit. Aussi le père avait-il déclaré, en tapant du poing sur la table, que la case indiquant la cause de la mort sur le certificat de décès resterait vide. Il était mort, peu importait comment. Il ne voulait plus qu'on touche au corps de son fils. Les vieilles gens avaient enveloppé l'urne dans une pièce de tissu gris et l'avaient soigneusement rangée dans leurs bagages. Ils avaient refusé de ramener Jia Jia avec eux pour la cérémonie, disant qu'elle portait malheur, et exigeant qu'elle cesse toute relation avec la famille Chen.

Ça n'avait aucune importance. Elle n'avait pas envie de s'y rendre de toute façon.

Depuis, tout semblait aller de mal en pis. L'avocat lui avait appris que son mari, malgré sa fortune, ne lui avait rien laissé en dehors de l'appartement où ils vivaient et de la pension de soixante mille yuans qu'il avait virée sur son compte bancaire pour l'hiver. Lorsqu'ils s'étaient mariés, il avait rédigé un testament où il léguait presque tous ses biens à sa propre famille.

En de meilleures circonstances, Chen Hang avait veillé à ce qu'elle ne manque de rien, mais à présent, il était mort et n'avait pris aucune disposition. Depuis ce jour fatal, Jia Jia avait compris que ces dernières années – les plus belles – avaient été gaspillées, gâchées, emportées par un misérable dans sa mort, emballées dans une urne funéraire traînée par sa famille jusqu'à ce cimetière où, d'après cette même famille, elle n'avait pas droit de cité. Elle aurait dû lui donner un enfant plus tôt. Ainsi aurait-elle davantage compté pour lui. Mais elle était encore jeune lorsqu'ils s'étaient mariés, et à trente ans, quand elle s'était sentie enfin prête, une certaine distance avait commencé à s'établir entre eux. Elle ne s'en était pas vraiment rendu compte alors, mais maintenant elle comprenait que les fondations de leur mariage avaient déjà commencé à se déliter avant la mort de Chen Hang. Ces nuits qu'il passait ailleurs, ce voyage annulé, ces vacances où il partait sans elle. *Ce n'est pas grave*, se disait-elle, *les choses finiront bien par rentrer dans l'ordre.* Où cela l'avait-elle menée ? Elle se sentait sans foyer, idiote d'avoir cru que son mari lui en procurerait un. Un appartement vide, ce n'était pas un foyer.

Elle avait envisagé de le vendre, mais s'était rappelé que, d'après Chen Hang, l'immobilier était le plus sûr des investissements, aussi avait-elle contacté une agence pour trouver des locataires. On lui avait répondu que l'appartement était trop grand pour les cadres, souvent célibataires, ou avec de petites familles. Les familles plus nombreuses préféraient éviter le quartier des affaires. *Très bien, dans ce cas trouvez-moi un acheteur*, avait-elle fini par concéder. Une semaine plus tôt, l'agence lui avait trouvé un acquéreur qui lui en avait offert un bon prix, et elle était venue étudier le contrat de vente ici même, au bar, seulement il y avait eu un problème dans la demande de prêt et l'acquéreur potentiel avait dû retirer son offre.

Hormis un appartement de quatre chambres inlouable et invendable dans le centre de Beijing, un peu d'argent liquide et un dessin d'homme-poisson, Jia Jia avait le sentiment de ne rien posséder, que ces choses n'étaient pas à elle parce qu'elles avaient d'abord appartenu à son mari. Elle avait cherché frénétiquement à travers tout l'appartement la trace de quelque chose qui soit vraiment à elle. Elle avait éprouvé du réconfort en retrouvant quelques-unes de ses anciennes toiles accrochées aux murs, ou stockées dans la salle de bains qu'ils n'utilisaient pas. Après leur mariage, Chen Hang l'avait encouragée à peindre, jusqu'au jour où elle avait voulu vendre ses œuvres dans la galerie d'une amie.

« Jia Jia, je te rappelle que je t'en ai déjà parlé. Je ne veux pas que tu ailles courir le monde pour gagner de l'argent. Laisse-moi subvenir aux besoins de mon épouse. Oui, tu peux peindre ! Mais je ne comprends pas quel besoin tu éprouves d'aller vendre tes toiles. Comme ces artistes qui se débattent pour survivre. »

Elle était assise sur le canapé, lui faisait les cent pas à travers le salon en la toisant.

« Ça fait mauvais genre », avait-il ajouté.

C'est alors que sa carrière s'était transformée en hobby.

Jia Jia tira une dernière bouffée de sa cigarette et retourna au bar. L'air frais lui avait un peu éclairci l'esprit. Le barman essuyait des verres qu'il remettait en place sur les étagères avec beaucoup de précautions. Il avait de grandes mains, des doigts longs et fins, aux articulations légèrement protubérantes, pareilles à des bambous.

« Je peux vous servir autre chose ?

— Vous êtes déjà en train de nettoyer. Et puis j'ai trop bu.

— Faire la vaisselle, c'est une forme de méditation pour moi. » De son doigt, il se tapota la tempe et lui lança un clin d'œil. « Puis-je me joindre à vous ? » demanda-t-il en attrapant deux verres d'une main, et une bouteille de cognac presque vide de l'autre.

Il servit deux verres, puis ils trinquèrent.

« J'ai appris, pour votre époux, dit-il d'un ton de condoléances.

— Vous êtes marié... l'interrogea Jia Jia en se penchant par-dessus le bar pour lire son badge, Leo ?

— Bien sûr que non.

— Et pourquoi ? » Il sembla réfléchir mais ne répondit pas tout de suite. « Oh, pardonnez-moi, je ne devrais pas vous poser la question, monsieur Leo, qui portez un prénom anglais. Vous les hommes, vous n'avez pas besoin de vous presser. C'est bien comme ça qu'il faut le prononcer, hein, à l'anglaise, Li-o ? » Elle était affalée sur son siège. « Mais il faudra quand même vous marier un jour. Il vous faut un foyer où rentrer après avoir fermé le bar. Je ne voudrais pas que vous deveniez un vieil homme solitaire, monsieur Leo.

— Là où vous viviez avec lui, c'était un foyer, pour vous ? » fit-il en la fixant du regard.

Jia Jia ne répondit pas tout de suite, un peu surprise qu'il la provoque ainsi, et ne sachant pas très bien ce qu'il voulait dire. Chen Hang lui avait-il confié un soir qu'il ne s'intéressait plus guère à son épouse ? Ou Leo l'avait-il compris en les observant ensemble au bar ? Elle saisit son verre, s'immobilisa un instant, puis avant qu'il le remarque, le porta à ses lèvres. Les lumières du plafond s'éteignirent soudain.

« Désolé, dit Leo en se dirigeant vers le tableau électrique dans un angle de la pièce.

— Est-ce que je peux fumer à l'intérieur ? demanda Jia Jia en fouillant dans son sac, à la recherche d'un nouveau paquet de cigarettes.

— Quand il n'y a personne, vous pouvez. »

Elle prit donc une cigarette.

« Il m'a laissé un appartement, vous savez ? » Elle porta sa cigarette à ses lèvres et l'alluma. « Il est très grand, plutôt impressionnant. C'était gentil de sa part. Vous ne trouvez pas ? »

Une faible lumière se ranima, et Leo retourna au bar.

« Je ne peux pas faire mieux, dit-il en désignant la lumière. Il va falloir attendre un peu avant de remettre en marche le disjoncteur.

— Ne vous en faites pas, j'allais m'en aller de toute façon. »

Jia Jia eut envie de commander un autre verre. Mais qu'est-ce qu'elle fichait ? À gaspiller son argent dans un bar de luxe, comme si Chen Hang allait renflouer son compte d'ici quelques mois ? Et où était passé son orgueil, à espérer que son défunt mari continue de l'entretenir ? Tout à coup, elle éteignit sa cigarette, demanda l'addition, et glissa dans la main de Leo un billet de cent yuans supplémentaire. Elle ramassa ses affaires et quitta les lieux en hâte, inquiète que le billet de cent yuans ne soit pas suffisant pour le dernier verre de cognac qu'il lui avait servi. Elle se rattraperait la fois suivante.

Les trottoirs étaient déserts et la neige s'était arrêtée de tomber. Une fois dehors, elle ralentit son allure. Elle traversa la rue pour rentrer chez elle, où elle prit une longue douche avant de se coucher. Dans son lit, elle se mit à pleurer presque sans bruit sous ses draps. Le ventilateur du purificateur d'air tournait avec une fureur décuplée. Devant ses fenêtres, les autres immeubles disparaissaient peu à peu, à mesure que la pollution s'accumulait à nouveau. Elle continua de pleurer, suffoquant par moments lorsqu'elle essayait de reprendre son souffle, comme si, même en proie au désespoir, elle craignait de déranger le silence de l'hiver.

CHAPITRE 3.

Quand Jia Jia se réveilla, il faisait encore noir. Elle s'assit et chercha ses chaussons du bout des pieds. Ils n'étaient plus là. Elle s'avança davantage, mais ne trouva rien. En regardant par terre, elle s'aperçut qu'il n'y avait plus de sol, il avait été remplacé par la surface d'une mer profonde, à croire qu'elle était assise au bord d'un bateau, à contempler le reflet du ciel sans étoiles. L'obscurité miroitait, pareille à de la soie. Elle se leva du lit et s'avança sur ce qui naguère était le sol, tombant soudain dans une fraîcheur humide qui ne pouvait être que de l'eau froide. Elle se retourna aussitôt pour se cramponner au lit, mais il n'était plus là. Submergée, elle chercha quelque chose à quoi se raccrocher, puis retenant sa respiration, elle se mit à nager vers le fond, plus profond.

Le temps était désormais indistinct et sans importance. Jia Jia ne savait pas dans quelle direction elle nageait. Elle ne voyait plus son corps. Si elle descendait, retrouverait-elle la terre ferme en arrivant au pied de l'immeuble ? Ça valait la peine d'essayer, pensa-t-elle. Après ce qui lui sembla un long moment, un rayon de lumière blanche pénétra l'eau. Le soleil ! Ce devait être l'aube dans le lointain. Ainsi réfractée, la lumière paraissait étrangère, comme si elle appartenait à une autre dimension, hors de portée. Jia Jia nagea quand même dans sa direction, tirant sur son pyjama, l'arrachant, tout en appelant au secours d'une voix assourdie.

En arrivant près de la lumière, elle remarqua sous elle une petite créature argentée qui nageait en rond. De loin, elle ressemblait à un minuscule poisson à la queue effilée, d'un éclat brillant. Ses mouvements étaient erratiques – un alevin apprenant tout juste à bouger ses nageoires.

Jia Jia se retourna vers la lumière et partit dans sa direction, laissant le poisson d'argent derrière elle. La lumière était de plus en plus forte, de plus en plus proche. Elle sortit de l'eau et se retrouva assise sur le sol de son appartement, nue, ses vêtements épars autour d'elle, glacée jusqu'aux os. Le soleil du matin transperçait les volets, le ciel était à présent bleu pâle, et déjà un groupe de femmes d'une cinquantaine d'années se trémoussaient dans le parc sur une musique disco.

Ses yeux s'habituèrent peu à peu à la lumière. Elle tremblait. Par réflexe, elle attrapa le dessin de l'homme-poisson sur sa table de nuit. Soulagée de le trouver au sec, elle s'appuya contre le lit et le regarda plus attentivement. Au premier abord, il semblait mort. Elle ne décela aucun signe de vie dans ses yeux, pareils à ceux d'une proie traquée qui aurait déjà renoncé à se sauver.

Jia Jia replia la feuille, incapable d'effacer cette image de son esprit. Cette eau, qu'était-ce donc ? Son souvenir commençait à s'embrumer, et elle ne se souvenait plus très bien à quoi elle ressemblait – juste du froid qui lui piquait la peau. Le chauffage avait dû s'arrêter durant la nuit. Elle avait toujours très froid, et pour la première fois depuis son mariage, elle songea que cet appartement était trop grand. Il fallait qu'elle déménage le plus tôt possible. Elle ne supportait plus d'être seule dans cet endroit.

Jia Jia ne se rappelait pas à quand remontait la dernière fois où elle avait admis – ne serait-ce qu'à elle-même – qu'elle avait peur. Non qu'elle n'ait jamais connu la peur, évidemment, mais elle avait compris très jeune que sa vulnérabilité ne faisait que créer des soucis aux autres ; sa grand-mère se tracassait plus, sa tante pleurait davantage, et toutes deux chuchotaient plus longuement, tard dans la nuit.

Le jour où sa mère était morte, Jia Jia venait d'entrer au collège.

Ce soir-là, en jetant un coup d'œil par la porte entrouverte dans la chambre de sa grand-mère, elle l'avait découverte pleurant en silence dans son oreiller, les jambes pendant au bord du lit, et elle avait appris à faire la même chose.

Jia Jia voulut se lever, mais elle n'en eut pas la force. Elle enroula la couette autour d'elle et resta assise sur le parquet pendant des heures, espérant que la journée s'arrêterait un moment pour l'attendre. Elle ferma les yeux, en quête de souvenirs de sa mère. Il y avait longtemps qu'elle n'avait pas fait ça. Il ne lui restait plus que des images fragmentaires, effacées, ainsi qu'elles l'avaient toujours été. Jia Jia était certaine qu'autrefois, ces souvenirs correspondaient à la réalité. À un moment précis du passé, ils avaient été empreints d'une certaine lucidité, d'intensité. Mais quand ? Elle n'était plus capable de le dire. Elle ne pouvait se souvenir des détails, elle savait juste qu'ils existaient.

L'après-midi, elle décida d'aller voir sa grand-mère. Elle avait besoin de se distraire, de s'occuper l'esprit, et de s'arracher à ce plancher. Elle s'habilla et prit le bus 139 en direction de Jianguomen. C'était plus long que le métro, mais elle respirait mieux en surface. Elle trouva une place assise vers le fond, près d'une mère et sa fille. La mère avait le cartable de la petite sur les genoux, et quelques sacs de courses à ses pieds. Elles ne se dirent pas grand-chose pendant la durée du trajet, à part quand la mère ouvrit une bouteille Thermos et versa de l'eau chaude dans le gobelet, qu'elle porta aux lèvres de sa fille.

« Il faut que tu boives davantage. »

Sans quitter des yeux le livre illustré posé sur ses genoux, la petite fille ouvrit la bouche pour que sa mère la fasse boire. Jia Jia descendit du bus, mais la mère et sa fille poursuivirent leur route.

Jia Jia avait grandi dans un petit appartement de trois chambres avec sa grand-mère et sa tante, situé au deuxième étage d'un vieux bâtiment de briques, donnant sur une cour. Ce logement avait été attribué aux grands-parents de Jia Jia par leur employeur, et après la mort du grand-père, la tante avait emménagé pour s'occuper de sa mère. Quand ensuite elle avait épousé Li Chang, il s'y était installé à son tour. Au fil des ans, la cour s'était remplie de voitures garées ici et là, et il y avait moins de bicyclettes que dans les souvenirs d'enfance de Jia Jia. Au moment où elle entra, un groupe de femmes sortit. Elle ne les reconnut pas – elles avaient dû emménager après son départ. Petite, elle pensait que ses voisins ne déménageraient jamais ; ils lui paraissaient si profondément enracinés en ces lieux qu'ils semblaient avoir poussé là, à la manière des arbres.

Jia Jia ouvrit la porte métallique, tapa du pied par terre pour activer la lumière, et grimpa l'escalier. Sur les murs, de nouvelles publicités recouvraient les anciennes. Quelqu'un avait écrit directement sur la paroi : “voiture à louer”, suivi d'un numéro de téléphone.

Sa tante l'accueillit à la porte.

« Regarde mon nouvel aquarium ! » Elle se serra pour que Jia Jia puisse passer en longeant le meuble à chaussures.

Dans le salon, il y avait en effet un grand aquarium haut d'une tête de plus que Jia Jia. Différentes espèces de poissons y nageaient, les yeux ronds, perdus et déconcertés. Mais malgré la présence de toutes ces créatures, l'aquarium avait l'air étrangement vide.

« Tu as mis du corail ? demanda Jia Jia en posant son sac sur le canapé.

— Il sera livré demain », répondit sa tante en considérant l'objet avec fierté, comme si c'était son enfant.

La grand-mère de Jia Jia sortit à petits pas de sa chambre en secouant la tête.

« Nous ne sommes rien d'autre qu'une famille normale dans un appartement normal », dit-elle d'une voix râpeuse à cause des glaires dans sa gorge, le visage crispé dans une expression de mécontentement. « Jia Jia, ta tante a de nouvelles idées tous les jours, elle essaie de suivre la tendance. Regarde-moi l'espace qu'occupe ce machin !

— Li Chang assiste à une réunion, dit sa tante à Jia Jia sans prêter attention à la vieille femme. Nous travaillons ensemble sur un projet de film. Quand j'aurai touché ma part, je te prendrai un joli petit appartement avec un aquarium pareil à celui-ci. Ça devrait rapporter une belle somme cette fois. »

La tante s'assit et se mit à rincer et stériliser des tasses à thé à l'eau bouillante.

« L'appartement où tu vis actuellement est trop grand pour toi, tu devrais le vendre et investir dans notre projet », poursuivit-elle. Elle attrapa trois tasses au moyen d'une pince en bois. « Hier soir, ton oncle et moi, nous sommes allés au Four Seasons pour fêter le contrat du film. C'est plus de mille yuans la nuit ! Nous avons trouvé le hall si beau. Quel dommage que ce soit l'hiver, sinon nous aurions pris un verre sur la terrasse.

— Je croyais que vous alliez ouvrir un restaurant ? demanda Jia Jia.

— On a pensé qu'il valait mieux entreprendre quelque chose dans un domaine que connaît Li Chang, expliqua-t-elle. Le restaurant, c'était une idée un peu folle. »

La tante de Jia Jia n'avait jamais pu mener la vie qu'elle désirait malgré ses entreprises multiples. Chen Hang critiquait la façon dont elle s'y prenait, il ne s'en était jamais caché. Il levait une main en l'air, secouait la tête, et déclarait que la tante de Jia Jia visait trop haut, qu'elle était trop pressée, qu'elle idéalisait trop l'argent. *Tu ne gagnes rien quand tu es obsédé par l'argent*, avait-il dit en cassant une noix. Mais ne faisait-il pas exactement la même chose ?

« Et toi, ma chérie, quels sont tes projets ? demanda la tante de Jia Jia en levant le nez de son plateau à thé.

— Je cherche toujours des locataires ou des acheteurs pour mon appartement. Tatie, je pense que je devrais me remettre à peindre. Vendre mes œuvres.

— Oh, trouve-toi un vrai travail », dit sa grand-mère tout en s'installant lentement à table près de sa fille, en traînant les pieds. Elle portait les mêmes pantoufles jaunes à pois depuis au moins dix ans, et lorsqu'elle avait commencé à avoir des problèmes de genoux, elle avait cousu du tissu sous les semelles pour se déplacer plus facilement en glissant sur le sol. « Tu aurais dû m'écouter », ajouta-t-elle en soupirant.

Bien sûr, Jia Jia se souvenait qu'elle lui avait dit d'étudier une discipline qui lui procure un emploi sûr. « Un bol de riz en acier », disait sa grand-mère. Jia Jia inspira profondément, sachant qu'il ne fallait pas poursuivre sur ce terrain ce soir-là, la vieille dame ayant subi trop d'avanies au cours de sa vie. Tout ce que sa petite-fille aurait pu répondre aurait été blessant. Alors elle préféra se taire. Il fallait qu'elle se contrôle. Sa tante et sa grand-mère ne devaient pas soupçonner son effondrement intérieur.

« Laisse-moi demander à Li Chang s'il n'aurait pas quelque chose pour toi, coupa sa tante.

— À condition que ce soit un vrai travail et qu'ils ne la volent pas, dit la grand-mère.

— Maman. Je sais que tu n'aimes pas Li Chang, mais il connaît beaucoup de gens riches qui pourraient commander un tableau à Jia Jia.

— D'accord, je ne dirai plus rien, répondit la vieille femme l'air dépité. Je ne comprends plus comment le monde fonctionne, aujourd'hui. Mais avoir un vrai métier, c'est la meilleure des assurances. Regardez-vous, tous les deux, qui vivez encore chez moi. Il devrait avoir son propre appartement maintenant. »

Elle se leva pour aller préparer le dîner en secouant la tête.

« Reste pour le dîner, Jia Jia », insista sa tante.

Un peu après vingt-et-une heures, Jia Jia entra dans le bar de Leo. D'abord elle ne dit rien. Elle avait trop de choses en tête pour que ses pensées puissent s'organiser en mots. En sortant de chez sa grand-mère, il lui était soudain apparu qu'elle n'avait plus besoin d'obéir aux autres. Elle n'était plus une enfant, et les opinions de sa grand-mère, même défendues avec pugnacité, ne devaient pas franchir cette porte. Elle pouvait désormais aller où elle voulait, sans en référer à personne. De même, elle avait désormais la possibilité de poursuivre sa carrière sans que Chen Hang lui dise que cela faisait mauvais genre. Soudain, elle eut envie d'une coupe de champagne.

Elle fit signe à Leo.

« Je voudrais une coupe de votre meilleur champagne, s'il vous plaît.

— Celui-là ? » Il ouvrit la carte en désignant un nom. « D'habitude, on le vend à la bouteille. Mais je peux vous servir une coupe. On dirait que vous avez quelque chose à fêter.

— Oh, eh bien donnez-moi la bouteille ! » Elle se mit à rire en tapotant le nom de la bouteille sur la carte.

Si elle réussissait à vivre de son art, alors elle voulait se sentir libre de traîner chez elle vêtue d'un vieux tee-shirt, le visage pas lavé, les cheveux coupés court. Il y aurait aussi quelqu'un pour assurer son confort et lui apporter ses repas depuis le restaurant de son choix, même s'il était à l'autre bout de la ville. Oui ! Elle créerait de nouveaux souvenirs avec quelqu'un d'autre, des souvenirs qui seraient un foyer, des souvenirs qui nourriraient son œuvre.

Leo revint avec la bouteille, qui exhala un doux soupir lorsqu'il l'ouvrit avec discrétion. Il lui versa une coupe – fraîche et dorée.

« Vous aimez l'art ? demanda Jia Jia.

— Je suis plutôt musique.

— Alors vous voulez bien m'écrire une chanson ? » Elle éclata de rire.

Loin de son rire conventionnel, poli, elle voulait que celui-là soit enjoué, séducteur. Elle ne parvenait pas à se rappeler à quand remontait la dernière fois où elle s'était exprimée ainsi, non pas en réaction à quelque chose, mais en prenant l'initiative. Leo sourit en retour. Il gloussait presque.

« Vous avez déjà écrit des chansons pour vos petites amies ?

— Une fois, pour la dernière en date. Mais ça ne lui a pas plu.

— Parlez-moi d'elle.

— Eh bien... dit-il en cherchant une réponse succincte à une vaste question. C'était une sacrée gueule de bois.

— Elle vous a donné mal à la tête ?

— Souvent. Et pas qu'un peu.

— Vous la compreniez ? Je veux dire, est-ce que vous compreniez vraiment qui elle était et pourquoi elle se comportait comme ça ?

— Vous savez, on a beau comprendre les autres, ça ne rend pas forcément les relations plus faciles. » Il plaça la bouteille dans un seau à champagne, drapée d'une serviette.

Jia Jia réfléchit un moment. « Je n'ai jamais compris mon mari.

— C'était un homme compliqué ?

— Non, pas du tout. Il venait d'une famille pauvre somme toute normale, il travaillait dur, se débrouillait bien en affaire, il m'a épousée et puis il est mort. Une petite vie plutôt simple, non ? Mais je ne comprenais pas vraiment sa simplicité.

— C'est ça que vous cherchez ? La simplicité ?

— Je ne sais plus maintenant. » Elle prit une gorgée de champagne. D'abord, les bulles furent intenses, telle une envolée de cordes au début d'une symphonie, mais presque aussitôt, l'harmonie gagna le bout de sa langue.

Il lui lança un regard interrogateur, attendant qu'elle développe.

« C'est comme si pendant toute ma vie j'avais escaladé la paroi d'une tour, répondit-elle en posant son verre. Le corps parallèle au sol, et puis soudain, le monde se retourne, et je me retrouve debout, droite, et la tour est à l'horizontale de la terre. Maintenant, le monde est tordu, mais j'ai de nouveau la tête à l'endroit. Je vais de l'avant. En vérité, je ne sais même pas où se situe le haut. Vous comprenez ce que je veux dire ? Ce champagne est bon, très bon, je dois avouer. »

Avant que Leo ait eu le temps de répondre, d'autres clients entrèrent et Jia Jia lui fit signe qu'il pouvait interrompre la conversation. Les clients étaient quatre : deux hommes et deux femmes. Les hommes portaient un costume sous leur manteau, l'un gris, l'autre marine. Ils avaient retiré leur cravate en quittant le travail. La plus petite des deux femmes ôta son manteau de fourrure, révélant un haut coloré, dos nu, noué dans le cou. Elle parlait fort. Elle n'était pas encore assise qu'elle avait déjà annoncé qu'elle était avocate.

« Ces mecs-là n'avaient aucune chance contre moi, se vantait-elle. Je me moque qu'il se bagarrent devant la boîte, mais si tu casses la gueule à un de mes amis devant moi, c'est que tu es vraiment un imbécile. J'ai fait en sorte que le gamin ait la peine qu'il méritait.

— Il était quand même jeune, non ? demanda l'autre femme.

— Dix-huit ans. Il conduit une Maserati. » Elle sortit un fin cigare. « Ses parents sont venus présenter des excuses et tenter de trouver un arrangement. "Nous sommes désolés, notre fils mérite une bonne leçon", voilà ce qu'ils m'ont dit. Alors j'ai répondu : "Parfait, il va avoir la punition éducative qu'il mérite". » Elle éclata de rire bruyamment. « Si vous aviez vu leurs têtes ! »

Les autres rirent à leur tour et passèrent commande. Leo revint et demanda tout bas à Jia Jia si ces gens la dérangeaient.

« Au contraire, murmura-t-elle. Laissez-les dire, c'est amusant. »

Jia Jia était toujours assise au même endroit lorsque le bar ferma. Le groupe des quatre avait filé avant que la femme n'ait eu le temps d'allumer son cigare. Leo fut occupé tout le reste de la soirée, concentré sur la préparation des cocktails. De temps à autre, elle observait ses doigts agiles. Il avait un physique ordinaire, mais elle voyait un certain charme dans la manière dont ses mains virevoltaient. Il devait prendre les choses à cœur pour être aussi investi dans ce qu'il aimait faire, songea-t-elle. Ses gestes semblaient si naturels – le genre d'aisance qu'on obtient seulement au terme de longues années de pratique.

Il nettoya la dernière table et revint vers le bar. Il déplaça le sac à main de Jia Jia et s'assit à côté d'elle – acte d'intimité surprenant de la part d'un homme qui maintenait en permanence une distance polie avec les autres. Elle se tourna vers lui.

« J'ai fini la bouteille. Il est temps que je m'en aille.

— Restez boire un verre avec moi. » Par-dessus le comptoir, il attrapa une bouteille de cognac et deux verres.

Ils burent en silence.

« Vous me trouvez belle ?

— Vous êtes pareille à l'eau. D'une beauté douce et tranquille.

— Vous voulez bien rester avec moi ce soir ? Je pense que cela nous ferait un bon souvenir, pour vous comme pour moi. »

Le trottoir était mouillé à cause de la neige fondue, qui avait en partie gelé à nouveau quand la température était tombée au-dessous de zéro. Leo ferma le bar et ils partirent tous deux en direction de l'appartement de Jia Jia. L'air pur du jour n'avait pas résisté, et la ville se dissimulait de nouveau derrière son masque.

CHAPITRE 4.

Jia Jia pressa le pas en passant devant la loge, mettant un peu de distance entre elle et Leo, qui la suivait. Le portier la salua, mais elle garda le menton enfoncé dans son écharpe et ne s'arrêta pas pour attendre son compagnon avant d'être arrivée devant l'ascenseur.

Ils demeurèrent silencieux pendant l'interminable ascension. En quittant son bar, Leo avait perdu son assurance, il semblait mal à l'aise. Il paraissait plus petit, diminué. À l'intérieur, il retira lentement son manteau qu'il garda à la main, tandis que Jia Jia lançait le sien sur le canapé.

Elle le débarrassa et lui prit le bras. Il répondit en l'attirant vers lui, comme si à présent il pouvait cesser de jouer les timides. Elle sentit son torse contre ses seins, et leurs lèvres se rencontrèrent. Son haleine avait un goût de menthe fraîche, et elle songea que la sienne avait sûrement encore des relents d'alcool. Elle ne se souvenait pas de l'avoir vu prendre une pastille.

La sensation de ses mains sur sa peau imprégna ses pores comme de l'eau. On aurait dit qu'il existait en elle un endroit auquel personne n'avait encore jamais eu accès, et qu'il s'était ouvert sous la douce caresse de Leo. Jamais elle n'avait autant désiré le corps d'un homme – c'était au-delà de la chair et de la conscience, ce n'était pas seulement du désir, mais pas non plus de l'amour. La meilleure manière de le décrire, pensa-t-elle, c'était de s'imaginer en voyageuse solitaire dans un désert, épuisée, désespérée, et que soudain le plus beau des pêchers surgissait devant elle, couvert de fruits.

Lorsqu'il la coucha sur le lit, une vague de culpabilité s'abattit sur elle. Quelqu'un envahissait l'espace de Chen Hang, dont elle était désormais la seule gardienne. Elle voulut ignorer cette pensée, la chasser, mais en sentant sous elle la soie fraîche des draps qu'elle avait partagés avec son mari, elle eut l'impression de le tromper. Leo, lui, n'eut pas les mêmes hésitations ; il retira son nœud papillon, son gilet et enfin sa chemise, mais il garda son pantalon, attendant que ce soit elle qui le lui retire. Elle posa les mains sur ses hanches, et glissa jusqu'à sa verge en érection, évitant son regard.

La présence de son mari était plus tangible que jamais. La peau de Leo était plus ferme, ses os plus saillants, ses mains plus larges. Dans le noir, les contours de son corps paraissaient étrangers, insolites à Jia Jia. Il lui ôta sa petite culotte avant son chemisier – Chen Hang aurait fait l'inverse. Lorsqu'il vint en elle, ce fut différent. La manière dont elle l'accueillit était différente, elle aussi. Sa façon de bouger, la façon dont ses muscles se tendaient, tout était différent.

Néanmoins, elle l'attira fort contre elle – cet étranger qui avait accès à une partie d'elle-même demeurée jusqu'ici isolée du reste du monde.

Quand Jia Jia se réveilla, Leo n'était plus là. Sa première pensée fut qu'il était parti, puis elle entendit du bruit dans la cuisine. Elle espérait être un peu seule. Elle se débarbouilla le visage et s'habilla. En arrivant dans le salon, elle constata qu'il avait fait des courses et préparait des œufs durs.

« J'ai des œufs au réfrigérateur, tu sais ?

— J'ai acheté d'autres choses aussi. »

Elle regarda la pendule, il était déjà onze heures passées.

« À quelle heure dois-tu être au bar ?

— Pas avant seize ou dix-sept heures. Jolie peinture. » Il désigna le mur au-dessus du canapé.

« Oh, hésita-t-elle. Merci. »

Elle ne savait pas très bien pourquoi elle ne lui disait pas qu'elle avait peint ce tableau. De toute façon, ce n'était pas un de ceux dont elle était le plus fière. Personne ne lui en avait fait compliment jusque-là, car elle l'avait seulement accroché au mur deux jours plus tôt, en remplacement d'une oeuvre que Chen Hang avait acheté dans une galerie d'art rue du Bac, à Paris.

Cette toile montrait un cheval brun sur une plage, qui regardait quelque chose derrière lui, en dehors du cadre. La grève était couverte de galets et de vase, et les vagues étaient fortes. Ses vagues n'avaient jamais l'air très réalistes, elle n'était pas très douée pour ça, même si c'était le genre de paysage qu'elle préférait peindre. À l'époque où elle était étudiante, elle avait économisé l'argent de son petit boulot pour s'offrir un voyage à Londres où elle avait passé des heures à la National Gallery à étudier et tenter de copier les tableaux représentant des vagues. Pourtant, elle n'y arrivait toujours pas. Pas comme elle l'aurait voulu en tout cas. Il y avait quelque chose dans le mouvement de l'océan et la semi-transparence de l'eau qu'elle ne réussissait pas à saisir ; un équilibre entre mystère et simplicité qu'elle ne parvenait pas à trouver. Une fois diplômée, elle était même allée passer une semaine dans un temple taoïste pour apprendre le comportement de l'eau.

Voilà pourquoi elle était surprise que quelqu'un juge ce tableau réussi.

« Qui a choisi cette toile ? demanda Leo.

— C'est moi.

— En fait, je n'aime pas tellement l'océan », dit-il en se désintéressant du bol de lait de soja tiède, du sac de beignets frits, et des rhizomes de lotus sautés. « Sans aucune raison particulière, je n'aimais pas la mer, enfant.

— Mon mari non plus n'aimait pas l'eau. Il disait que c'était une substance dangereuse et violente. C'est très difficile à peindre. » Jia Jia mordit dans un beignet et examina l'empreinte laissée par ses dents tout en mastiquant.

« J'imagine... » Leo hésita un instant. « ...qu'il faut une grande pratique. Un vieil ami à moi a grandi sur la côte, son père était pêcheur. Il a étudié l'art et il peint des océans magnifiques, ce qui est totalement compréhensible. Il a plus ou moins vécu au bord de l'eau toute sa vie. Mais pour le reste, il est vraiment nul.

— Son père était pêcheur ? Et il a laissé son fils faire les Beaux-Arts ?

— Oh non, bien sûr que non. » Leo se mit à rire et secoua la tête en songeant à son vieil ami. « Son père lui a interdit de remettre les pieds chez lui. »

Le père de Jia Jia ne s'était jamais opposé à ce qu'elle étudie l'art, mais il ne l'y avait pas non plus encouragée. Il était indifférent – ce qui était pire. Son père avait quitté sa mère alors que Jia Jia avait cinq ans, ensuite elle avait vécu avec elle, puis avec sa grand-mère, et durant tout ce temps, son père ne l'avait invitée à déjeuner qu'une ou deux fois par an. Quand elle lui avait annoncé qu'elle était admise à l'Académie centrale des Beaux-Arts, il avait acquiescé et souri, et continué à passer commande à la serveuse. Il aurait pu la féliciter, mais ça n'avait pas d'importance, car un an ou deux après, il aurait tout oublié.

« Moi aussi, j'ai fait les Beaux-Arts », dit-elle à Leo.

Il passa derrière elle et posa les mains sur ses épaules.

« Je t'ai entendue en parler une fois au bar. »

Soudain, l'affection de Leo la mit mal à l'aise. L'intensité de la nuit passée s'était dissipée, et le contact de ses mains lui paraissait à présent déplacé, hors de propos. Elle se dépêcha de finir son petit déjeuner et regarda le courrier. Les factures mensuelles du chauffage et de la maintenance étaient arrivées – les premières qu'elle recevait depuis la mort de son mari. La facture d'électricité était aussi dans la pile. Les gérants de l'immeuble avaient dû avoir pitié d'elle, et n'avaient pas osé les lui envoyer alors qu'elle était en plein deuil, aussi avaient-ils attendu deux semaines de plus. Les échéances en revanche n'avaient pas changées.

Elle ouvrit les enveloppes et se sentit presque offensée en constatant que le total des charges se montait à quatre mille yuans. Chen Hang se plaignait du coût du chauffage, l'hiver, mais Jia Jia avait toujours insisté pour que l'appartement soit bien chauffé car elle n'aimait pas porter un pull à l'intérieur. La pollution de l'air l'indignait aussi, non qu'il se soit soucié de sa santé, mais parce que les purificateurs d'air consommaient beaucoup d'électricité, ce qui augmentait d'autant leur facture. C'était elle aussi qui insistait pour les faire tourner à plein régime. Il l'avait toujours laissée agir à sa guise.

Mais à présent qu'il n'était plus là, s'il lui fallait payer chaque mois quatre mille yuans jusqu'à la fin de l'hiver, Jia Jia devrait vraiment commencer à gagner sa vie. Chen Hang avait-il envisagé cette situation ? Y avait-il seulement pensé ? Était-ce folie, cette brève lueur d'espoir, d'imaginer qu'elle puisse subvenir à ses besoins en vendant ses toiles ? Elle n'avait pas travaillé depuis des années, n'avait plus de relations dans le milieu, bien installée qu'elle était dans sa vie d'épouse de Chen Hang. Elle ne voyait pas ce qu'elle pouvait faire dans ce monde.

Leo dut remarquer son air soucieux.

« Ça va ? s'enquit-il.

— Oui », dit-elle sans lever les yeux, ne souhaitant pas prolonger la conversation. Elle prit un stylo et se mit à faire des calculs sur une feuille.

« Tu vis près d'ici ? demanda-t-elle à Leo tout en additionnant les frais mensuels de la pointe du stylo.

— Pas dans le quartier des affaires, non, c'est trop cher. Je suis un peu plus loin, près du quartier des ambassades. C'est cher aussi, mais…

— Tu as raison. Je n'ai pas besoin de quatre chambres pour moi toute seule. Ça fait trop de ménage », ajouta-t-elle aussitôt pour se justifier.

Leo commença à lui parler de son quartier, mais Jia Jia l'écoutait à peine et répondait, au mieux, par de brèves marques d'acquiescement, quand elle répondait. Elle coupa le chauffage, le purificateur d'air et enfila un pull. Elle fumait cigarette sur cigarette, tout en cherchant un appartement bon marché à louer sur Internet. Leo finit par lui dire au revoir et s'en retourna au bar.

Lorsque la porte se referma derrière lui, Jia Jia éteignit son ordinateur portable et se sentit à la fois soulagée et à nouveau abandonnée. Elle songea à ce qui se déroulait au pied de son immeuble ; ce à quoi les autres gens occupaient leurs journées. C'était l'heure où les employés de bureau sortaient tous en même temps faire leur pause déjeuner. Naguère, elle allait parfois rendre visite à Chen Hang près de son bureau, et ils mangeaient avec ses salariés. Elle n'avait jamais vraiment apprécié ces moments – des repas expédiés et des conversations pétries de flatteries – mais à présent, elle les regrettait presque. Cette espèce de routine lui manquait.

Elle ramassa les assiettes que Leo avait laissées derrière lui sur la table et fit la vaisselle. Les tranches de rhizomes de lotus la toisaient, pareilles à des visages fantômes. Leo n'avait pas dévoré tous les beignets ainsi que l'aurait fait son mari, qui aurait fini tout ce qu'il y avait sur la table, qu'il ait faim ou pas. Malgré son opulence, Chen Hang ne commandait jamais trop de nourriture, sauf lors des repas d'affaires. Quand il y avait des restes, il se forçait à tout avaler, même s'il n'en pouvait plus. En dépit de son argent, il ne s'était jamais senti riche.

Jia Jia s'aperçut qu'elle empestait la cigarette, et ouvrit le robinet de la douche. En se déshabillant, elle remarqua la tache de naissance grise en forme de cerf-volant, de la taille d'une prune, qu'elle avait sur l'intérieur de la cuisse gauche. Elle n'y avait pas pensé quand elle était avec Leo, fait étrange, car elle ne l'oubliait jamais d'habitude. Bien que Chen Hang n'en ait jamais parlé, elle gardait le souvenir de son expression lorsqu'il l'avait vue la première fois. Comme si c'était un nid-de-poule au milieu d'une autoroute, il avait détourné le regard pour ne plus y revenir. Par la suite, elle avait tout fait pour dissimuler cette marque avec sa main ou un pan de tissu chaque fois que sa cuisse était exposée, surtout lorsqu'ils étaient au lit. Puis sa vue lui était devenue insupportable, aussi avait-elle trouvé des positions sexuelles qui dérobaient cette imperfection aux yeux de son mari. Elle insistait pour qu'ils les essayent, en prétendant que c'était ainsi qu'elle prenait du plaisir.

Elle enfonça ses ongles dans la tache de naissance, fermant les yeux en ressuscitant le corps de Chen Hang dans son esprit, depuis son crâne dégarni jusqu'à son nez aplati, en passant par les poils de son bas-ventre, jusqu'à ce qui se situait plus bas, et qu'elle avait désespérément essayé de satisfaire. À sa grande surprise, elle parvenait à peine à se rappeler ce corps nu, seulement combien il était laid dans ce bain. Puis ses pensées revinrent à Leo, elle était soulagée qu'il n'ait pas allumé la lumière la nuit précédente. Elle parvenait presque à se convaincre que cette marque disgracieuse le laissait indifférent, que si c'était lui qui la prenait dans ses bras, la tache finirait par s'effacer, voire disparaître. Elle ne savait pas pourquoi, il semblait appartenir à cette seconde espèce d'hommes. Ceux qui guérissent plutôt qu'ils ne blessent.

CHAPITRE 5.

Jia Jia alla moins souvent au bar en décembre, il fallait qu'elle se montre économe. Les rares fois où elle s'y rendait, elle passait la nuit avec Leo. Parfois, il restait avec elle pour la journée. Mais le plus souvent il filait après le petit déjeuner. Chaque fois, le désir intense du corps de Leo la consumait, à croire qu'elle n'était qu'un récipient vide qui jamais ne pourrait se remplir.

Elle ne pouvait se résoudre à quitter l'appartement depuis cette nuit où elle était tombée dans les eaux obscures. Les soirs où elle ne lui rendait pas visite – la plupart du temps – elle buvait seule chez elle et restait éveillée jusqu'à l'aube, attendant que la mer sombre réapparaisse. Elle ne pouvait oublier ces eaux profondes et le petit poisson d'argent. Pouvait-il y avoir un lien avec l'homme-poisson ? Au début, elle croyait qu'il lui faudrait être seule pour retrouver cette eau, mais même en l'absence de Leo, l'appartement ne se transformait plus et tout ce qu'elle sentait sous ses pieds, c'était ce maudit parquet, trouvé dans une boutique italienne. Elle essaya tout : se réveiller chaque jour de la semaine à la même heure, porter le même pyjama qu'elle avait cette nuit-là, et même poser par terre le dessin de l'homme-poisson. Mais rien n'y fit. Hormis rester là à attendre, elle ne savait que faire d'autre.

Elle se remit à peindre. Le matin de Noël, pendant que Leo préparait le petit déjeuner, elle fouilla dans le débarras et retrouva ses vieux pinceaux, ses toiles vierges.

« Joyeux Noël, dit-il en lui retirant une toile des mains pour y déposer à la place un petit sac argenté scintillant.

— Oh, merci. Je ne savais pas que tu fêtais Noël. » Elle ne lui avait rien acheté. En fait, elle ne savait même pas que c'était Noël. Elle avait prévu ce matin-là de se rendre à l'Espace 798, à la galerie où elle avait travaillé quelques années après ses études – et où elle avait en fait rencontré Chen Hang – pour voir si elle pouvait décrocher un emploi afin de payer ses factures.

« Non, je ne le fête pas, je n'aime pas ces festivités étrangères. C'est juste l'occasion de t'offrir ceci. »

Elle ouvrit le sac et y découvrit un livre de photographies intitulé : *La Mer*. Il s'agissait comme le titre l'indiquait de photos de grands vaisseaux affrontant des vagues féroces, de phares solitaires, d'étendues infinies d'océan qui ressemblaient presque à des peintures à l'huile.

« C'est magnifique », dit-elle en le refermant avant de le ranger sur l'étagère à côté des livres de photographie que collectionnait Chen Hang. Elle s'approcha de Leo et lui prit les mains. « Si nous allions à l'Espace 798, qu'est-ce que tu en dis ? Pour voir une expo ? Prendre un café ? »

À Beijing, les expositions étaient rarement de qualité, mais à présent qu'elle avait accepté le cadeau de Leo, elle se sentait obligée de fêter Noël avec lui. Après le petit déjeuner, elle essaya de choisir une tenue. Il ne fallait pas paraître négligée, sans être trop élégante pour autant, au risque d'attirer l'attention sur elle. Elle opta pour un col roulé bleu marine et un pantalon noir habillé.

En chemin vers l'Espace 798, elle eut soudain peur de tomber sur d'anciennes collègues, d'autant plus qu'elle était accompagnée de Leo. C'était la première fois qu'elle retournait à la galerie depuis la mort de son mari, et elle n'avait pas envie de passer l'après-midi à recevoir des condoléances.

Elle avait rencontré Chen Hang la première semaine où elle travaillait là en tant que réceptionniste. Il était venu rendre visite à la propriétaire et avait donné sa carte à Jia Jia en partant. À l'époque, elle n'avait pas beaucoup d'amies à la galerie. La directrice était plus vieille, et mariée au frère de sa compagne de chambre à la cité universitaire, quant aux autres employées de sa génération, elles fréquentaient des garçons de leur âge, artistes pour la plupart. Quand elle avait commencé à sortir avec Chen Hang, ses collègues avaient pris leurs distances avec elle, comme si elle appartenait désormais à une autre catégorie : celle des femmes pragmatiques qui se moquent de l'amour. Ce genre de choses ne l'avait jamais vraiment dérangée – cela n'avait rien de honteux à ses yeux – mais sortir avec un homme de son âge aujourd'hui prouverait aux yeux de ses collègues qu'elles avaient bel et bien raison au sujet des relations amoureuses. Elles penseraient qu'il avait fallu le décès de son époux pour que Jia Jia comprenne ce qu'elles avaient toujours su. C'était ça le plus humiliant à ses yeux. Aussi emmena-t-elle Leo ailleurs.

Ils se dirigèrent vers l'UCCA, une galerie plus importante qui à présent semblait attirer davantage de monde. L'entrée était remplie de jeunes couples et de parents désireux de faire l'éducation de leur progéniture. À l'extérieur, une large banderole avec le portrait d'un homme d'une cinquantaine d'années, un artiste qui dessinait à l'encre. À le voir ainsi représenté, nul n'aurait pu deviner qu'il s'agissait d'un peintre : avec sa chemise blanche, son blazer marron et sa coupe très courte, il ressemblait à un homme d'affaires ou un politicien.

La galerie bondée était au comble de l'animation. Les gens étaient alignés devant les murs, avançant au pas, d'œuvre en œuvre, comme les étudiants au self. Chaque tableau ressemblait beaucoup au précédent, avec de légères variantes dans la composition. Dans chacun, une femme et des animaux. Parfois, la femme regardait à droite, parfois à gauche, avec toujours la même indifférence. Les vaches, les moutons, les oiseaux et les lapins des toiles, en revanche, fixaient le public.

Après la galerie, Jia Jia et Leo retournèrent au bar pour faire la mise en place. Ils ne parlaient pas beaucoup, et dès qu'il faisait une remarque sur l'exposition en disant combien elle était réussie, elle le contredisait. Quand le bar ouvrit, elle lui déclara qu'elle était fatiguée et rentra chez elle, seule. Ils avaient oublié le café.

De retour à son appartement, Jia Jia posa le dessin de l'homme-poisson près d'une toile vierge pour l'étudier. Elle voulait le peindre à son tour. Elle pensait que réinterpréter l'esquisse de Chen Hang à sa façon lui donnerait des clés pour comprendre l'homme-poisson et le rêve qu'avait fait son mari au Tibet. Elle appliquait souvent cette méthode lorsqu'elle avait du mal à rentrer dans une œuvre d'art : au cours de ce processus, le sens de l'œuvre se révélait à elle.

Le dessin paraissait facile à copier. Après tout, seul le visage était vraiment travaillé ; le corps aurait pu être dessiné par un enfant. Elle définit les contours au crayon sur la toile. La lumière venait de l'angle supérieur gauche, aussi posa-t-elle une ombre légère du côté droit. Elle recula, observa les proportions : environ un tiers pour la tête, le reste pour le corps. Il lui faudrait choisir les couleurs, ce en quoi le dessin de Chen Hang ne lui était d'aucun secours. Elle repensa au poisson d'argent de la mer profonde. C'était un bon début. Ensuite, il fallait trouver la tonalité du fond. Elle commença par un bleu vif, semblable aux hauts-fonds marins par une journée ensoleillée. C'était toujours un défi : les couleurs paraissaient souvent artificielles, comme celles des aliments. Elle posa son pinceau et imagina la mer d'un bleu transparent, en perpétuel changement quand les vagues se déployaient de leur lent et doux battement. Elle ajouta un peu de jaune et déposa la couleur tout autour de l'homme-poisson. Ensuite elle plongea une brosse plus petite dans une peinture argentée, la mélangea à du gris, ajouta une touche de vert foncé mat, puis elle peignit le corps. Elle voulait qu'il soit semblable au dessin de Chen Hang, brut, inachevé, aussi le laissa-t-elle au premier stade, sans ajouter trop de détails.

Mais Jia Jia était incapable de peindre la tête. Cette partie du tableau effaçait de son esprit toute idée de contours et de couleurs, à croire qu'il la rejetait. Chaque fois qu'elle regardait l'espace vide sur la toile, toute sa technique se dérobait. Elle ne savait pas où placer les yeux, de quelle couleur seraient les lèvres, quel espace le nez devrait occuper. Bien sûr, elle pouvait en mesurer les proportions sur le dessin de Chen Hang et les transférer sur sa peinture, mais elle n'avait jamais procédé ainsi. Certes, elle copiait, mais il fallait quand même que ce soit son tableau à elle.

Les jours suivants, elle peignit davantage. Elle utilisa six toiles et fit plusieurs versions de l'homme-poisson.

Parfois, elle commençait par le corps, d'autres fois par le visage. Seulement chaque fois qu'elle dirigeait son pinceau vers l'ovale vierge de la tête, son esprit se vidait, et elle ne parvenait plus à se rappeler quelle était l'expression de l'homme-poisson.

C'était seulement la nuit, une fois couchée, qu'enfin le visage lui apparaissait, clair et précis. Elle bondissait alors hors de son lit, fonçait jusqu'à sa toile, reprenait son pinceau, hélas toutes les images s'évaporaient alors à nouveau. Un jour, elle parcourut le livre de photos que Leo lui avait offert, avant de se souvenir qu'il s'agissait uniquement de paysages. Si on lui avait donné cet album quand elle était plus jeune, cela l'aurait formidablement aidée. À présent, ce n'était pas ça dont elle avait besoin. Mais d'un visage.

Il fallut attendre une nuit de janvier froide et venteuse, deux semaines après l'exposition, pour que Jia Jia ressente le besoin d'abandonner ses tableaux et reprenne la direction du bar de Leo.

« J'ai essayé de t'appeler, dit-il lorsqu'il la vit s'asseoir à sa place habituelle. Comment vas-tu ?

— Oh, ça va ! J'étais partie pendant quelques jours », mentit-elle.

Pourquoi les gens demandaient-ils aux autres comment ils allaient ? s'interrogea-t-elle. *Comment ça va ?* Une question qui la plupart du temps aboutissait à une réponse tronquée. Elle ne pouvait pas lui dire qu'elle allait mal. Face à ce genre de question, elle se sentait terriblement seule, comme si on lui avait donné un galet pour l'aider à traverser une rivière profonde et tourmentée.

Elle savait que Leo devinait désormais si elle avait envie ou non de parler. Parfois, elle prenait à dessein l'attitude d'une cliente ordinaire, comme si elle préférait être traitée de la sorte. Elle le saluait d'un sourire, s'asseyait, commandait à boire, achevait l'échange sur un simple « merci » et se plongeait dans un livre. Elle ne se montrait jamais impolie, mais lorsqu'ils se retrouvaient seuls, son attitude trahissait une pointe d'incertitude. Ce soir-là, c'était différent. Ce soir-là elle n'avait pas envie d'être seule.

« Qu'est-ce que tu veux boire ? demanda Leo.

— Et si tu me servais quelque chose de nouveau et de fort. Ce livre que tu m'as offert est merveilleux, je l'ai beaucoup étudié. J'ai déterré quelques-uns de mes vieux outils depuis Noël, et j'ai essayé de peindre un poisson.

— Un poisson ?

— Oui, enfin, pas tout à fait. Un homme-poisson ». Elle insista sur le mot « homme ».

Il leva les yeux de ses zestes de citron vert pour la regarder.

« Mon mari m'a laissé un dessin. Qui représente un homme-poisson. Une tête d'homme avec un corps semblable à celui d'un poisson. Tu sais, avec des nageoires et des écailles. Chaque fois que je pose la main sur ce dessin, j'ai le sentiment que je dois en apprendre davantage à son propos. Il a une tête vraiment très étrange. Je te montrerai, la prochaine fois. Bref, voilà pourquoi je le peins. Je ne pensais pas qu'il serait aussi difficile de reproduire cette image. » Elle s'approcha en titubant et s'accouda au bar.

« Comment ça, il a une tête étrange ?

— En fait, je l'ai étudié de près, ce dessin, mais chaque fois que je me remets face à ma toile et que j'essaie de peindre le visage, c'est comme si j'avais la tête vide, et je suis infichue de me rappeler à quoi il ressemble. Bizarre, hein ? Ça t'arrive, ce genre de choses, quand tu prépares un cocktail ?

— Je ne sais pas. Parfois je suis à court d'idée, dit Leo hésitant. Mais peindre ce n'est pas tout à fait pareil que préparer des cocktails. »

Jia Jia secoua la tête. « Pas faux. Mais ce n'est pas ça, le problème. Je sais exactement à quoi je veux qu'il ressemble, mais je n'arrive pas à le réaliser. On dirait que ce visage n'existe que dans mon esprit, qu'il change continuement.

— Pourquoi ton mari a-t-il dessiné un homme-poisson, à ton avis ? »

Elle s'attendait à cette question. À peine l'avait-il posée que déjà elle lui répondait.

« Chen Hang disait qu'il avait rêvé de lui une fois. C'était un rêve étrange. Il en avait oublié une grande partie, du coup je me demande comment il a pu le dessiner.

— Donc, tu sais ce que tu veux peindre, mais tu n'y parviens pas. Lui ne se rappelait pas le rêve, mais il a réussi à dessiner l'homme-poisson en détail. »

Jia Jia opina lentement.

« J'aimerais beaucoup voir ce dessin un jour, poursuivit-il. Et bien sûr ton tableau, quand tu l'auras achevé. »

Leo passa la nuit avec Jia Jia. Elle laissa la porte de son atelier fermée et ne lui montra pas ses toiles. Elle n'était pas encore prête. Elle ne voulait pas non plus que Leo voie le dessin de Chen Hang ; cela lui paraissait trop intime, comme l'incarnation de ce qu'il y avait d'honnête en lui. Elle n'aurait su l'expliquer, mais elle savait que son mari aurait voulu qu'elle conserve ce dessin à l'abri des regards.

Tôt le lendemain, la tante de Jia Jia vint lui rendre visite à l'improviste. Celle-ci se brossait les dents, ce fut donc Leo qui ouvrit. La tante était grande et mince, elle avait une allure tellement jeune que Leo confia plus tard à Jia Jia qu'il l'avait d'abord prise pour une de ses amies.

« Oh, je suis très heureuse de vous rencontrer. Je suis sa tante. Je l'ai vue grandir ». Jia Jia entendit ces paroles, et par la porte de la salle de bains entrebâillée, elle la vit aller jusqu'à sa chambre. « Je n'aurais pas dû venir de si bonne heure. Je voulais parler à Jia Jia. Ah ! Elle a changé le tableau. Il est beau celui-là, n'est-ce pas ?

— Elle a un goût très sûr en matière d'art, répondit Leo.

— Elle l'a peint il y a deux ou trois ans. Elle n'est jamais satisfaite de son travail.

— Tatie, pourquoi tu ne m'as pas appelée ? » Jia Jia se précipita hors de la salle de bains, gênée d'être surprise dans l'appartement de son époux avec un autre homme. Elle évita de regarder Leo. « Tu as passé la nuit au Four Seasons à nouveau ?

— Non, pas cette fois. » Sa tante arborait une expression hésitante et légèrement inquiète. « Le projet dont je t'avais parlé n'a pas abouti. »

Jia Jia s'apprêtait à poser une question quand Leo invoqua un prétexte pour s'en aller. Les deux femmes gardèrent le silence tandis qu'il attrapait son manteau, son portefeuille avant de filer.

Jia Jia reprit. « Mais je croyais que...

— Qui est ce garçon ? demanda sa tante avec un sourire.

— Oh, tatie, ne t'imagine pas que ce soit si facile de tourner la page.

— Franchement, tu devrais. Chen Hang n'était pas bon pour toi. Je m'en veux beaucoup d'ailleurs. J'aurais dû insister quand tu grandissais sur le fait qu'il était important d'être courageuse en amour. Je n'aurais jamais dû te dire que tu étais trop jeune pour fréquenter ce garçon, comment s'appelait-il déjà ?

— Celui du lycée ? Oh, comment veux-tu que je m'en souvienne ? » Elles éclatèrent de rire toutes les deux.

« Parfois, on n'ose pas demander certaines choses parce qu'on a peur d'être brisée. Et c'est ainsi qu'on s'éloigne de la vie que l'on souhaite. Peut-être qu'il vaut mieux être comme ta mère. Non, non, ne me contredis pas. C'était une femme brisée, oui, mais elle a toujours su ce qu'elle voulait. »

Dans son souvenir, les dernières années, sa mère avait toujours une sorte d'aura mélancolique. Quand son père était tombé amoureux de l'autre femme, Jia Jia avait vu sa mère se fracturer en mille morceaux, telle une porcelaine ancienne. Incapable de se dissocier de la douleur de sa mère, Jia Jia avait conclu que l'amour était la plus fragile des fondations pour bâtir une relation. Il existait d'autres voies, une raison plus rationnelle pour que deux personnes se lient, un terrain solide sur lequel prendre appui quand tout le reste s'écroulait. Mais que penser de ses convictions, désormais ? Maintenant que Chen Hang n'était plus là, la terre ne s'effritait-elle pas sous ses pieds, et sa vie n'était-elle pas tout aussi brisée ?

« Comment tu t'en sors ici toute seule ? » Sa tante se mit à fouiller dans son sac.

« Pas trop mal.

— Ah, la voilà ! Li Chang t'a trouvé un travail. » Elle sortit une carte de visite qu'elle posa sur la table. « C'est une amie à lui. Elle cherche quelqu'un pour peindre un Bouddha sur un mur, chez elle. »

Jia Jia songea qu'il existait des professionnels spécialisés dans la peinture religieuse. Était-il seulement acceptable qu'une personne qui n'était pas elle-même religieuse peigne une divinité bouddhiste ?

« Tatie, je n'ai jamais fait de peinture murale. Si elle veut décorer sa maison, je peux trouver...

— Je suis certaine que tu sauras l'impressionner. Regarde comme ce tableau est beau ! » dit-elle en désignant la toile avec le cheval.

Jia Jia prit la carte de visite et l'examina. La femme en question était monteuse de comédies pour une compagnie de production qu'elle ne connaissait pas. Une profession étonnamment spécialisée, pensa-t-elle, si elle ne s'occupait que de comédies. Sur la carte, on pouvait lire un numéro de téléphone portable et une adresse électronique personnelle. Jia Jia déclara qu'elle la contacterait. Sa tante, visiblement satisfaite, se leva et se dirigea vers la porte d'un pas dansant, agitant une main derrière elle.

La monteuse spécialisée dans les comédies s'appelait Wan Lian, ou madame Wan, ainsi que Jia Jia prendrait l'habitude de l'appeler. Elle vivait avec sa famille dans un duplex à Yayuncun, à l'écart du centre. Quand Jia Jia vint lui rendre visite le mercredi suivant, madame Wan était seule à son domicile avec une domestique affairée à ranger des bouteilles de bière d'importation dans le réfrigérateur.

« Mon mari est au travail », précisa-t-elle.

Madame Wan avait quelques années de plus que Jia Jia. D'après les photos sur les étagères, Jia Jia conclut qu'elle avait deux enfants : un garçon et une fille. C'était une femme minuscule et osseuse, et sa coupe au carré renforçait l'impression d'une énorme tête ronde sur un tout petit corps, comme ces espèces de marionnettes que les gens suspendaient à leur rétroviseur. Elle paraissait si fragile que Jia Jia se demanda comment elle avait pu donner naissance à deux enfants visiblement de taille normale.

Lorsque madame Wan revint de la cuisine avec de l'eau chaude, Jia Jia l'observa avec inquiétude, craignant que la grosse bouilloire ne lui échappe des mains. Mais celle-ci posa la bouilloire sur la table, s'affala sur le canapé et désigna un espace vide sur le mur de l'entrée. « Donc, vous voyez, je voudrais qu'on peigne un Thangka sur ce mur.

— Je n'ai jamais pratiqué la peinture sur soie.

— Oh non, ce ne serait pas sur de la soie. Je veux qu'il soit peint directement sur le mur. Je pense que ce serait joli. Vous ne trouvez pas ? »

Jia Jia voulut lui expliquer que les Thangkas étaient traditionnellement brodés sur de la soie. Quand elle était petite, un moine tibétain en avait offert un à sa mère. Elle l'avait étudié avec soin tous les jours après l'école : c'était une œuvre d'une minutie incroyable, il fallait des années pour parvenir à pareille maîtrise. Mais madame Wan ne s'intéressait guère à ce que Jia Jia avait à dire, et elle continua en insistant sur le fait qu'une peinture murale ferait plus bel effet qu'une peinture sur soie.

« Madame Wan, puis-je vous demander si vous êtes bouddhiste ?

— Je crois au karma. Alors, qu'en pensez-vous ? Voulez-vous vous en charger ? »

Jia Jia répondit qu'elle ferait de son mieux. Si cela ne plaisait pas à madame Wan, elle ne lui facturerait rien. Celle-ci sembla satisfaite de sa réponse, et elles tombèrent d'accord sur des honoraires de vingt mille yuans.

Jia Jia peignait chez madame Wan cinq jours par semaine. Chaque fois, celle-ci insistait pour qu'elle reste dîner. Les enfants rentraient de l'école et se joignaient à elles pour le repas, Jia Jia rencontra leur père seulement deux semaines après qu'elle eut entamé son travail. Elle commençait à croire qu'il rentrait très tard le soir, voire qu'il ne rentrait pas du tout. Jusqu'à ce qu'un après-midi, il arrive sans s'être annoncé, et se montre fort surpris de la trouver peignant le mur de son entrée. Il portait une barbe touffue, et sa chevelure, semée d'un peu de gris, était attachée en catogan. Ils échangèrent quelques mots à la porte, et Jia Jia apprit qu'il était propriétaire d'un bar où l'on jouait du jazz.

« Je connais cet endroit, dit-elle. J'y allais à l'époque où il a ouvert. J'étais encore étudiante en art.

— J'en suis heureux, dit-il d'une voix douce et rocailleuse. Qu'est-ce que vous peignez ?

— Votre femme m'a demandé de représenter ici le Bouddha Shakyamuni. »

Il semblait totalement ignorant de ce qui se passait chez lui. Jia Jia désigna le centre du mur, au-dessus du contour esquissé d'un lotus. « C'est plus difficile que je le croyais. Je veux faire les choses le mieux possible.

— C'est merveilleux. Je ne voudrais pas vous déranger. »

Ce fut leur seul échange. Cet après-midi-là, elle partit tôt pour laisser mari et femme passer du temps ensemble tous les deux. Personne ne lui avait rien demandé, et le couple ne semblait pas gêné par sa présence, seulement elle n'était plus d'humeur à peindre. N'ayant nulle part d'autre où aller, elle prit un taxi et se rendit au bar de Leo.

« Je ne suis pas sûre à propos de ce boulot, lui dit-elle lorsqu'il la vit s'asseoir sur son tabouret. J'ai à peine le temps de travailler à mes propres œuvres. »

Leo attrapa un verre et lui versa un peu d'eau. Elle semblait avoir décidé de ne plus s'attacher les cheveux. Elle avait l'air épuisée, et paraissait plus jeune aussi. Peut-être cela tenait-il à sa manière de s'habiller : jean, pull noir, baskets blanches. Dans un sac en toile, son matériel. Sous ses paupières, son maquillage avait un peu coulé. Leo la trouvait plus belle ainsi. Plus sincère, peut-être.

« Je ne peux pas continuer, répéta-t-elle. Comment savoir à quoi ressemblent les divinités bouddhistes ? Et si le lotus avait six pétales au lieu de cinq ? Alors j'aurais tout raté.

— Je croyais que les peintures murales bouddhistes ne se trouvaient que dans les grottes et les temples. Cette femme doit être une croyante fervente.

— Tu sais quoi ? » Jia Jia écarta une petite assiette d'olives et se pencha vers Leo. « Hier, pendant qu'elle examinait mon travail, elle m'a dit : "Je prie devant ce mur tous les soirs. Je fais cela depuis le jour où vous avez commencé à peindre. Je ne peux plus m'arrêter." Ensuite, elle m'a dit que c'était pour elle la seule manière de se sentir en sécurité. Tous les soirs, cette femme prie devant ma peinture pour se sentir en sécurité... et moi, je sais à peine ce que je fais.

— Regarde ce type, dit Leo en désignant par la fenêtre un gardien en uniforme assis à l'entrée du parking. Tu crois qu'il sait ce qu'il fait, lui ? »

Le garçon n'avait pas l'air d'avoir plus de dix-huit ans. Il n'avait pas non plus l'air d'avoir une grosse formation en matière de gardiennage. Il saluait chaque voiture d'un geste de la main gauche et sa bouche s'entrouvrait quand il s'agissait d'un véhicule de luxe.

« Ne sois pas ridicule, ce n'est pas la même chose », dit-elle en riant. Ses dents légèrement protubérantes la rendaient adorable.

« Eh bien moi, parfois, je sais à peine quel cocktail je prépare.

— Vraiment ? »

Leo posa le doigt sur sa bouche, pour lui signifier que c'était un secret à ne pas divulguer aux autres clients.

« Quels sont tes projets pour le Nouvel An chinois ? demanda-t-il tout en essayant de sculpter une boule de glace avec un couteau. Tu veux m'accompagner chez mes parents ? »

Jia Jia se raidit.

« Il faut que je voie ça avec ma famille, dit-elle en détournant les yeux. Attends une minute. »

Faisant mine de téléphoner, elle sortit du bar en regardant du côté du parking. Le gardien jouait sur son téléphone quand une Porsche Panamera rouge s'arrêta devant la barrière. Le conducteur klaxonna, faisant sursauter le gardien, qui s'approcha pour lui dire quelque chose, l'air interrogateur et mal à l'aise. Ses paroles semblèrent déclencher la colère du conducteur, qui se mit à avancer lentement vers la barrière. Le garçon pris de panique tapa sur la portière.

Jia Jia entendit le conducteur hurler : « Espèce de connard ! » Elle fit le tour du bâtiment pour s'enfoncer dans l'ombre. Elle s'autorisa alors une folle pensée : elle recommençait sa vie avec Leo, apprenait à l'aimer, pas de ces violentes marées d'amour comme on en lit dans les romans, mais plutôt à l'image d'un lac serein, enserré entre ses rives. Elle enterrerait Chen Hang définitivement, vendrait l'appartement, oublierait l'homme-poisson, déchirerait le dessin. Pourrait-elle réellement vivre ainsi ? Non. Sans doute pas. Il demeurait dans leur relation quelque chose d'inaccompli. Plus ils se rapprochaient, plus la peau de Jia Jia gardait son cœur captif, dans l'impossibilité de toucher celui de Leo. Malgré tout, elle voulait essayer, se libérer de Chen Hang, vivre une autre vie.

Lorsqu'elle revint au bar, la Porsche rouge était partie, et le gardien était assis à sa place, sans son téléphone, tournant la tête à chaque voiture qui passait dans la rue.

À la fin de la nuit, quand le bar ferma, elle accepta l'invitation de Leo.

CHAPITRE 6.

Jia Jia avait consenti à retrouver Leo à seize heures pour qu'ils se rendent ensemble chez ses parents. Elle était anxieuse, peu sûre d'elle. Trois mois après la mort de son mari, elle passait déjà les fêtes dans la famille d'un autre homme. Peut-être que les parents de Chen Hang avaient vu juste : elle portait malheur. Elle n'était qu'un vil fléau destructeur. D'abord sa mère, puis son mari. Et à présent, elle était liée à un autre homme, si vite, comme la mousse s'accroche à une autre plante pour vivre.

Il était encore tôt. Pas même l'heure du déjeuner. Jia Jia avait vérifié ses comptes, même si elle savait déjà combien il lui restait : quarante mille yuans sur la somme laissée par Chen Hang, plus les dix mille que madame Wan lui avait versés à titre d'acompte pour la peinture murale. Elle devait aller faire les magasins avant de retrouver Leo. Elle ne pouvait arriver chez ses parents les mains vides. Autant gifler Leo en pleine figure.

Elle enfila une longue robe en laine orange, se fit une queue-de-cheval haute, et mit un peu de parfum au creux de ses poignets. Elle paraissait plus jeune ainsi. Satisfaite de son apparence, elle prit le métro en direction du centre commercial SKP pour aller faire les boutiques. Là-bas s'étalaient les marques étrangères, aux vitrines si propres qu'on se demandait même à quoi elles servaient. Depuis la dernière fois où elle était venue, environ une semaine avant la mort de Chen Hang, on avait redistribué quelques cartes, des magasins avaient changé d'étage, ou de secteur, deux ou trois avaient ouvert.

Avant leur mariage, Chen Hang l'avait emmenée dans le Fujian rencontrer ses parents. Elle était venue dans ce centre commercial aussi, choisir des vêtements pour sa belle-mère et une montre pour son beau-père. Chen Hang avait tout payé. Le magasin de montres existait toujours, il avait été rénové, des bijoux plus ostentatoires ornaient les vitrines, avec des diamants incrustés autour du cadran. Jia Jia s'arrêta un instant devant la devanture de marbre noir pour regarder les nouveaux modèles, puis elle se rendit dans une section de la galerie où étaient rassemblées les boutiques de cachemire. Elle passa en revue les portants et choisit deux pulls rouges assortis. La vendeuse lui indiqua le prix : un peu plus de sept mille yuans pour les deux.

« Nous offrons quarante pour cent de réduction à l'occasion du Nouvel An.

— Combien cela fait après la réduction ?

— La réduction est déjà incluse dans le prix que je vous ai indiqué, madame. » Souriante, la vendeuse cligna les yeux en regardant Jia Jia, avec ses cils trop noirs et fournis pour être naturels.

« D'accord, répondit-elle en se forçant aussi à sourire. Je vais fouiner encore un peu. »

Elle quitta le centre commercial sur le champ, comme une souris surprise en train de voler. Elle avait pris soin de se rendre dans le secteur des marques les moins chères, mais ces deux pulls lui auraient coûté l'équivalent de deux mois de charges pour l'appartement. Ils étaient magnifiques, pourtant, doux et de grande qualité. Elle en aurait volontiers acheté un pour elle aussi. Hélas elle vivait toujours dans un appartement très au-dessus de ses moyens, avec un emploi qui en était à peine un. Elle pénétra dans le métro sans se retourner, sentant les faux cils de la vendeuse de cachemire battre dans son dos.

Elle descendit à la station Dongdaqiao et se rendit d'un pas décidé au centre commercial de l'Île Bleue. Des clients aux tenues bigarrées se pressaient dans les allées, furetant dans les piles de vêtements, testant des produits cosmétiques. Il faisait bien trop chaud dans cet endroit, malgré une température extérieure frôlant zéro. La plupart des vendeuses avaient entre quarante et cinquante ans. Certaines restaient près des caisses, à discuter de leurs enfants tout en reboutonnant des chemises, pour les plier et les ranger en piles à peu près ordonnées. Jia Jia chercha les boutiques de cachemire. Elle avait décidé sans raison particulière d'offrir aux parents de Leo des pulls assortis. Enfin, elle trouva ce qu'elle cherchait.

La laine lui parut étonnamment douce au toucher. Tout ce qu'il lui restait à faire à présent, c'était dénicher deux articles assortis qu'elle puisse offrir ensemble. Elle examina les portants, prenant soin de bien regarder tous les vêtements. Enfin, elle tomba sur un pull gris dauphin ras du cou, avec des fleurs brodées sur les épaules. Elle appela une vendeuse.

Arriva une femme un peu en chair, aux cheveux courts et à la coupe asymétrique. Elle avait un énorme naevus noir à la base du nez, ce qui fit sursauter Jia Jia.

« Vous voulez ce pull-là ? lui demanda Naevus-noir.

— Je voulais savoir s'il existe des pulls pour homme de la même couleur, répondit doucement Jia Jia de crainte de l'irriter.

— Vous avez regardé ceux qui sont là ? » demanda-t-elle en désignant le portant en question.

Jia Jia hocha la tête.

« Et dans cette pile ? » Naevus-noir se pencha en grognant et attrapa la pile entre ses mains boudinées. Elle se redressa et lâcha tout sur une table. De son corps émanaient des relents de sueur et de tabac.

Jia Jia compara ces nouveaux pulls à celui qu'elle tenait. Au bas de la pile, elle en trouva un d'à peu près la même nuance, avec une bande noire horizontale barrant la poitrine. Cela ferait l'affaire, songea-t-elle.

« Combien pour les deux ?

— Celui-là… » Naevus-noir releva la tête pour vérifier le prix du modèle pour femme, plissant les yeux pour lire l'étiquette. « Mille huit cent dix. Et l'autre, c'est un peu moins, si je me souviens bien. Laissez-moi regarder… mille six cent dix.

— Vous faites des réductions ? C'est pour offrir. J'imaginais qu'il y aurait des soldes en cette période de l'année. Il y a des rabais avec la carte du magasin ?

— Vous l'avez, la carte ? » Naevus-noir regarda Jia Jia d'un air soupçonneux.

« Non, mais je pourrais la demander. »

Un nouveau groupe de clientes entra et Naevus-noir quitta Jia Jia pour aller les accueillir. Elle revint bientôt vers elle : « Qu'est-ce que vous disiez ?

— Que je pourrais demander la carte du magasin.

— Il n'y a pas de réduction avec la carte. » La vendeuse se mit à replier les pulls.

« Alors pourquoi m'avez-vous demandé si j'avais la carte ? Bon, peu importe, je vous prends les deux pour trois mille yuans.

— Ma petite dame, on est dans un centre commercial ici, on ne marchande pas. Si vous n'avez pas les moyens, allez faire du shopping ailleurs. » Naevus-noir reprit la pile de pulls et les fourra dans le tiroir.

Jia Jia inspira plusieurs fois, convoquant toute la patience dont elle était capable.

Mais la vendeuse continua de grommeler : « Ça s'habille comme une riche. Et le sac, c'est sûrement un faux. Si vous avez pas d'argent, faut pas aller faire du shopping. »

Jia Jia eut envie de se plaindre à la direction, mais en cet instant, les mots lui manquaient. Elle n'était pas douée pour ça, trop habituée à laisser faire Chen Hang qui, lui, aurait demandé à voir un responsable dès que la vendeuse avait commencé à se montrer grossière. Jia Jia, elle, se serait drapée dans le rôle de l'épouse silencieuse.

Elle tourna les talons et s'enfuit du centre commercial, encore plus déprimée qu'à l'arrivée. Non seulement la souris avait été prise au piège, mais en plus elle s'était fait battre, piétiner, acculer dans un recoin sombre. Elle se sentit rapetisser, son dos s'arrondissait, ses muscles s'étiolaient. Elle héla un taxi.

« Le centre commercial SKP », dit-elle au chauffeur. Il fallait trouver une échappatoire, se dégager du recoin sombre et faire une entrée en grande pompe sur une scène plus vaste et plus ouverte.

Le taxi la déposa. Jia Jia le paya et le pria de garder la monnaie. Elle passa en trombe devant les enseignes des créateurs européens, les bijouteries, les magasins de montres, et revint voir la jeune femme aux faux cils.

« Finalement je vais vous prendre les deux pulls rouges de tout à l'heure », déclara-t-elle avec tout le calme et la fermeté dont elle était capable.

La jeune femme battit des cils, puis lui adressa un sourire poli. « Bien sûr. Désirez-vous autre chose ?

— Ce sera tout, merci. Oh, un instant, je vais vous prendre aussi cette écharpe. » Elle attrapa sur l'étal une écharpe rouge qu'elle se mit à agiter.

La vendeuse passa dans la pièce du fond pour préparer les articles et Jia Jia se sentit respirer à nouveau. Elle avait recollé les morceaux de sa dignité. La jeune femme emballa tout avec soin, puis fit le total. Jia Jia paya, continua à faire un peu de lèche-vitrines dans le centre commercial, mais n'acheta rien d'autre.

Une fois dehors, elle s'assit sur un banc, le sac contenant ses achats posé à plat sur ses genoux. Elle avait envie de pleurer mais elle n'avait pas le temps de rentrer chez elle pour se refaire une beauté avant de repartir chez Leo. Aussi, prit-elle son visage entre ses mains et imagina qu'elle pleurait, qu'elle hurlait à la face de cette ville, si fort que son cœur s'échappait de sa poitrine et que tout le monde pouvait l'entendre. Elle se représenta vagissant tel un nouveau-né qui ne sait rien des méandres de l'existence, des carrefours, des impasses. Elle s'imagina ainsi pleurer pendant un court moment, puis elle se leva et descendit dans le métro pour monter dans la première rame.

Jia était la seconde femme que Leo amenait chez ses parents, la première fois remontant à cinq ans en arrière. Il voulait qu'ils l'acceptent, et plus encore il espérait qu'elle les apprécierait. Aussitôt après lui avoir proposé de fêter le Nouvel An chinois avec eux, il l'avait regretté, escomptant un refus de sa part. Il aurait dû se montrer plus prudent au lieu de se lancer ainsi. Elle avait accepté, anxieuse, sur ses gardes, comme si elle n'avait pas le choix – décliner l'invitation aurait été impoli. D'après ce que Leo savait de Jia Jia, elle était du genre à toujours faire passer le plaisir des autres avant le sien. Voilà pourquoi elle avait dit oui, et depuis, Leo sentait en elle une légère inquiétude que, malgré ses efforts, elle ne parvenait pas totalement à dissimuler. Elle lui envoyait souvent des messages pour savoir ce que ses parents aimaient manger, quels étaient leurs alcools préférés, si son père fumait des cigarettes chinoises ou d'importation, quelle était leur taille.

Elle arriva au parking un peu avant seize heures. Leo n'était pas amateur de voitures, il savait bien que la sienne, une Honda Accord noire ordinaire, n'avait rien d'impressionnant. Il avait songé à prendre un taxi avec elle, mais avait finalement opté pour son propre véhicule. Parce que ça, c'était lui. Pas Chen Hang. Il voulait qu'elle le voie.

Elle avait acheté à ses parents des pulls en cachemire rouges assortis, lui apprit-elle en chemin, une taille au-dessus de ce qu'ils portaient d'habitude pour qu'ils puissent les mettre par-dessus autre chose au cours des hivers rigoureux. Elle avait également choisi une écharpe rouge pour sa mère et des cigarettes Yuxi pour son père.

C'était le meilleur moment de l'année à Beijing. Les gens restaient chez eux ; ils s'installaient autour de la table du salon, les femmes y disposaient d'impeccables rangées de raviolis chinois, les hommes bavardaient autour d'une tasse de thé des événements qui s'étaient déroulés au cours de l'année, dans des nuages de fumée. Même s'il ne quittait jamais Beijing pour les fêtes, Leo n'avait pas passé le Nouvel An chinois chez ses parents depuis deux ans. Il était proche de sa famille, mais goûtait davantage la solitude. Il allait se promener au parc des Collines Parfumées, faire du vélo sur l'avenue Changan, ou même prendre le métro, vide ce jour-là, beaucoup plus agréable sans les gens pressés qui faisaient la navette entre bureau et domicile.

Le père de Leo était chercheur au département de la santé et des sciences à l'université de Beijing. C'était un esprit vif qui passait ses journées à travailler au laboratoire, à enseigner ou à lire chez lui, une cigarette à la main. L'appartement où ils vivaient n'était pas très grand, mais le père avait transformé une pièce en un bureau où il pouvait lire et écrire. Car il écrivait un livre. Il y travaillait d'aussi loin que Leo pouvait s'en souvenir. Il mettait un point d'honneur à passer chaque soir un peu de temps dans son bureau, soit pour lire, soit pour écrire, avant d'aller se coucher. Souvent sa femme le trouvait endormi dans son fauteuil, un livre ouvert aux premières pages.

Leo conduisait vite dans les rues désertes, et ils arrivèrent à l'heure chez ses parents, dans le nord-ouest de l'agglomération de Beijing, au-delà du second périphérique. Quand sa mère ouvrit la porte en s'essuyant les mains sur son vieux tablier sale, Leo comprit soudain ce qu'il imposait à Jia Jia.

« Désolée », dit-elle en les invitant à entrer avec un sourire gêné, tout en tapotant l'épaule de la jeune femme. « J'ai encore du travail à la cuisine. Allez bavarder avec ton père ! Il parle de toi depuis des semaines.

— Puis-je vous aider ? demanda Jia Jia.

— Oh, ne vous inquiétez pas, allez avec lui, je vous en prie, dit-elle en montrant le salon. J'irai plus vite toute seule, » ajouta-t-elle en retournant à la cuisine où elle se mit à rouler de la pâte d'une main en agitant l'autre en l'air.

« Ne t'en fais pas, lui dit Leo. Viens.

— Mais oui, entrez donc ! » La voix du père résonna dans le salon, grave et sonore.

Jia Jia donna les cadeaux au père de Leo en commentant ce qu'elle avait choisi pour eux. Leo regarda son père hocher la tête et la remercier. Il laissa les pulls dans le sac et prit la cartouche de cigarettes pour l'examiner.

« Il faudrait vraiment que j'arrête de fumer. Un de mes collègues a découvert qu'il avait des polypes aux intestins lors de son bilan annuel, et il a fallu lui retirer. On vieillit, mon fils. » Il soupira. « Mais j'imagine qu'arrêter maintenant ou un peu plus tard ne va pas faire une grande différence. »

Jia Jia sourit, opinant légèrement de la tête.

Le soleil virait à l'ouest, filtrant à travers le linge qui séchait près de la fenêtre, projetant ses rayons sur Jia Jia, assise sur le canapé en face de Leo. Elle ressemblait à une photo ancienne, douce et délicate. Pendant un moment, Leo se sentit fier de la pureté de sa beauté, de sa peau claire au maquillage léger, d'autant plus que son père proclamait sans cesse qu'il ne se souciait guère des qualités de ménagère d'une femme, du moment qu'elle avait le cœur honnête.

Il y avait quelque chose de bouleversant dans cet échange entre Jia Jia et son père. Une espèce de familiarité sans excès, comme avec une vieille amie d'autrefois. Elle ne parlait pas beaucoup mais semblait à l'aise en écoutant ainsi le père de Leo lui exposer les différents types de maladies qui affligeaient ses collègues et amis. De temps à autre, quand le silence retombait, elle prenait une gorgée de thé ou posait une question, encourageant son interlocuteur à poursuivre.

« Un jour, le mois dernier, il faisait beau, et j'ai accompagné notre voisin dans le parc. Tu sais, le professeur qui habite deux étages au-dessus de chez nous ? dit-il en se tournant vers son fils avant de revenir à Jia Jia. Il avait amené un ami avec lui. Un vieil homme avec des lunettes de soleil et une canne.

— Le pauvre, commenta-t-elle avec une réelle tristesse.

— Il tenait un journal à la main.

— Mais il n'était pas aveugle ? demanda Leo.

— Je ne sais toujours pas s'il l'est ou non. Je ne lui ai pas posé la question.

— On suppose qu'il avait à ce point l'habitude de lire le journal tous les jours que même quand la cécité l'a frappé, il n'a pas pu s'arrêter, dit la mère de Leo en traversant le salon d'un pas lourd.

— Maman, proposa Leo en se levant pour faire asseoir sa mère sur le canapé. Viens là, enlève ton tablier et reste un peu avec nous.

— Oh ! Jia Jia, vous nous avez apporté des cadeaux ? Mais nous n'avons besoin de rien. »

Elle lui présenta le pull et l'écharpe. La mère les sortit aussitôt du sac et les tint dans la lumière.

« Ce doit être très cher ! C'est si doux ! Mais nous n'avons besoin de rien. La prochaine fois, ne nous apportez pas de cadeaux, contentez-vous de nous ramener notre fils plus souvent ! fit-elle en riant et en examinant à nouveau l'écharpe.

— J'ai revu plusieurs fois le vieil aveugle dans le parc, dit le père en poussant doucement la mère sur le côté afin de voir son fils. Il était toujours avec une personne différente. Puis il a cessé de venir. On a pensé qu'il avait dû tomber malade, ou peut-être même qu'il était mort. Plus tard, on a appris que ses enfants avaient vendu sa maison et l'avaient placé dans un établissement pour personnes âgées.

— Des gens sans cœur ! Perdre sa maison, quand on est vieux... »

Comme si elle ne pouvait plus supporter cette conversation chagrine, la mère de Leo se leva pour repartir à la cuisine, son tablier sanglé autour de la taille.

Le dîner fut simple. C'était le genre de famille où on ne cuisinait pas de plats spéciaux pour les fêtes. C'était néanmoins un repas plantureux, avec une soupe, deux viandes et deux légumes. D'ordinaire, les parents de Leo ne préparaient qu'un plat pour le dîner, parfois deux, jamais plus, de crainte de gâcher la nourriture. Son père n'aimait pas finir les restes, aussi, s'ils ne mangeaient pas tout, sa mère devrait s'en accommoder pendant les trois jours suivants, chauffant et réchauffant à la vapeur les mets jusqu'à en venir à bout, ou jusqu'à ce qu'ils se transforment en un magma immangeable.

« Vous vivez avec votre famille ? demanda la mère à Jia Jia.

— Non, je vis seule dans un appartement. Près du bar de Leo. »

Elle se tourna fugacement vers Leo et lui sourit.

« Le loyer doit être cher dans ce quartier, remarqua son père.

— Heureusement, je suis propriétaire. »

Les parents de Leo eurent l'air surpris. Comme s'ils avaient répété la scène, tous deux posèrent leurs bols et regardèrent la jeune femme, attendant davantage d'explications.

« C'était l'appartement de mon mari. Il est mort, répondit-elle en les imitant et en posant son bol.

— Ah, fit la mère d'un ton sec.

— Je vois, dit le père en affichant aussitôt cette expression fausse que Leo lui avait si souvent vue. Cela ne nous dérange pas du tout. Vous, les jeunes, vous faites partie de la génération moderne, mais ma femme et moi aussi. »

La mère baissa les yeux vers ses baguettes et se remit à manger en silence. Le téléphone de Jia Jia se mit à sonner. Elle se précipita au salon pour l'éteindre. Lorsqu'elle revint, Leo était lancé dans la conversation. « On s'est rencontrés dans mon bar.

— Tu as connu aussi son mari alors ? demanda le père.

— Oui, en effet », répondit Jia Jia.

À nouveau, avec une parfaite synchronisation, les parents s'adossèrent à leurs chaises. Le silence retomba un moment, et le père fronça les sourcils, à croire qu'il essayait de résoudre un épineux problème.

« Ce devait être un homme bien pour avoir déniché une chouette fille dans votre genre », finit-il par dire avec un sourire forcé. La mère acquiesça.

Leo prit une inspiration profonde. Il était soulagé que ses parents ne tiquent pas sur le premier mariage de Jia Jia, aussi surprenant que ce soit. C'était la génération précédente qui entretenait encore ces croyances féodales. Il était toujours sidéré devant la capacité d'adaptation de ses parents, combien leurs principes les éloignaient de tout conservatisme et usages dépassés. Et soudain il se sentit fier d'eux, de leur éducation et de leur tolérance.

Le dîner terminé, Leo dit à Jia Jia qu'il voulait rester pour le décompte avant le Nouvel An.

« Êtes-vous allée en Europe ? En Amérique ? demanda le père de Leo en rangeant sa nouvelle cartouche de cigarettes dans le tiroir, sous la télévision.

— J'allais souvent en Europe. Surtout en France et en Italie. Mais je ne suis allée qu'une fois en Amérique. Je préfère l'Europe, les musées et les galeries d'art y sont toujours d'incroyables sources d'inspiration.

— Est-ce que les gens ont peur, là-bas ? Je veux dire, du terrorisme, à cause de tous ces attentats dont on parle. J'ai l'impression que les Européens continuent de mener tranquillement leur vie.

— Je ne sais pas très bien, je ne pense pas que… »

Le père de Leo interpella sa femme : « Arrête de t'agiter comme ça, viens donc un peu avec les enfants ! Sors les trucs à grignoter que nous a rapportés le vieux Li ! » Il se retourna vers Leo et Jia Jia. « Un ami nous a rapporté ça d'Angleterre. Je me souviens la première fois que nous sommes allés à

Londres, il y a longtemps, qu'est-ce qu'on était bêtes ! On était pauvres à l'époque, c'était tellement pire qu'aujourd'hui, vous avez de la chance. Un jour, on a vu de la nourriture en boîte avec des photos de chiens et de chats dessus, alors on a cru que c'était de la viande de chien et de chat. C'était ce qu'il y avait de moins cher, alors on y a goûté. Ah, c'était immonde. Qui aurait imaginé que les Britanniques vendaient de la nourriture pour les animaux dans leurs supermarchés ? » Le père se mit à rire, manquant s'étrangler.

La mère de Leo, après avoir rapporté à la cuisine tous les restes pour qu'ils refroidissent, enveloppés dans du plastique, arriva enfin au salon pour se joindre à la conversation.

« Viens, je leur raconte notre voyage à Londres quand on était jeunes, dit le père qui toussait toujours.

— Ah, oui, c'est sûr, on n'avait pas les mêmes privilèges qu'aujourd'hui, à l'époque.

— Ma mère aussi m'a raconté ce genre d'histoires », dit Jia Jia en souriant.

Elle n'avait jamais parlé de ses parents à Leo. Il l'observa tandis qu'elle évoquait les voyages de sa mère à Xi'an dans le Ghizou, à Chengdu dans les années 1980. Son expression était mélancolique, ses yeux humides comme du jade blanc. À sa façon de raconter, on comprenait que les souvenirs de sa mère étaient fragmentaires, incomplets, et elle narrait ces expériences sans jamais évoquer son père. Parfois elle s'arrêtait, regardait la pièce autour d'elle, à croire qu'elle remettait en question la précision de ses souvenirs.

Tandis qu'elle parlait, un sentiment commença à envahir Leo, à la manière de ces douces pluies de juin qui paraissent sans fin. À présent c'était lui, l'invité, qui n'osait plus interrompre la conversation. Pourquoi partageait-elle tant de choses avec ses parents ? Pourquoi racontait-elle histoire après histoire, telle une conteuse enthousiaste face à des enfants ? Jia Jia se laissait aller à des vagues de joie et de tristesse, d'une manière inhabituelle.

Puis elle leur dit que son mari était mort trois mois plus tôt. Leo vit le sourire de ses parents s'effacer, et ils échangèrent un regard de consternation. Le sujet était venu sur la table quand la mère avait demandé à Jia Jia si la dernière fois qu'elle était allée en France, c'était avec son mari ou avec sa mère.

« Mon mari. C'était notre dernier voyage ensemble. Nous devions aller à Sanya l'an dernier, seulement il est mort.

— Que s'est-il passé ? demanda la mère en retenant son souffle.

— Je n'en suis pas certaine », répondit-elle en secouant la tête.

Leo observait ses parents avec circonspection, essayant de déchiffrer leurs réactions face à cette nouvelle inattendue. Mais le duo s'employait à contempler en silence les friandises anglaises, sourcils froncés.

Le téléphone de Jia Jia sonna de nouveau.

« C'est ma tante, dit-elle à Leo. Elle doit m'appeler pour me souhaiter la bonne année. »

Lorsqu'elle se leva, les parents de Leo redressèrent la tête en se forçant à sourire. La mère ne cessait de tripoter son tablier. Jia Jia les pria de l'excuser et sortit.

« Mon fils », dit le père quand la porte se fut refermée. Il se frotta les genoux et reprit sa respiration. « Une veuve, ça porte malheur.

— Ton père a raison.

— Ce genre d'idées est complètement dépassé, répondit Leo.

— J'ai vu des femmes de chez moi se marier deux ou trois fois, et chaque fois leur mari est mort dans les années qui ont suivi. Certaines femmes portent malheur aux hommes.

— Papa, tu es un scientifique.

— C'est une fille bien, mais... murmura sa mère en essuyant ses mains sèches sur son tablier. Quel Nouvel An...

— Tu es notre fils unique, reprit son père. Tu n'as jamais remarqué que certaines personnes dégagent des ondes négatives ? Il arrive malheur à tous leurs amis et leurs proches. L'as-tu seulement noté ? »

Leo rembarra ses parents, qui revinrent à la charge. La colère montait en lui et, pour la première fois depuis des années, il éleva la voix. C'était sans doute une des raisons qui le poussaient à ne pas les voir. Il avait eu tort. Quelle idée saugrenue avait-il eu de venir, aujourd'hui. Avec l'âge, ils devenaient têtus, qu'importait que dix ou vingt ans plus tôt ils aient été ouverts d'esprit, aujourd'hui ils étaient trop fiers et trop frileux pour installer une application sur leurs smartphones leur permettant de gérer leurs comptes bancaires à distance, inquiets à l'idée qu'on leur vole leur argent. Trop confits dans leurs habitudes pour mettre en marche le purificateur d'air que Leo leur avait acheté, ils préféraient ouvrir leurs fenêtres en grand chaque jour pour faire entrer ce qu'ils croyaient toujours être de l'air « frais ».

Jia Jia rentra dans un courant d'air, et la famille cessa aussitôt de se quereller. Leo sentait bien qu'elle était préoccupée, tout comme elle percevait la tension qui régnait autour de la table.

« Allons-y, dit Leo en attrapant leurs vêtements.

— Mais il est seulement vingt-deux heures, intervint sa mère.

— Emportez un peu de nourriture », ajouta le père.

Mais Leo ne les écoutait déjà plus et il partit en trombe, tenant Jia Jia par le poignet, serrant trop fort.

Dans la voiture, il lui demanda si elle n'avait pas reçu de mauvaises nouvelles.

« Les choses sont un peu compliquées.

— Quelles choses ?

— Je suis inquiète, dit-elle sans le regarder.

— Je le vois bien. Que s'est-il passé ?

— Il faut que j'aille voir ma tante. Mais ne te fais pas de souci.

— Nom de Dieu ! s'écria-t-il en s'accrochant au volant des deux mains. Cela fait trois fois que je te pose la question, réponds-moi, c'est tout !

— Pourquoi te mets-tu en colère ? » Jia Jia se redressa sur son siège et se tourna vers lui. Elle criait presque. « Parce que j'ai parlé à tes parents de Chen Hang ? Dois-je avoir honte que mon mari soit mort ? Dois-je m'en vouloir d'avoir gâché votre réunion de famille ? Je suis ce que je suis, et si tu veux être avec moi, il faudra que tu acceptes l'idée que je suis veuve.

— Tu aurais pu leur dire une autre fois. » Il prit une profonde inspiration.

« Donc tu as honte.

— Non.

— Ne me mens pas. »

Elle lui jeta un regard noir. Lui, fixait la route. Du coin de l'œil, il voyait les feux d'artifice qui mouchetaient la nuit de toutes les couleurs et donnaient l'impression que Jia Jia avait des écailles sur le visage. Ses cheveux étaient détachés. Elle avait toujours les yeux braqués sur lui, et Leo perçut alors en elle une détermination qu'il ne lui avait encore jamais vue. Jamais en effet elle ne l'avait ainsi toisé ; d'habitude, elle le regardait furtivement. De temps à autre, elle pouvait se montrer joueuse ou sensuelle, à d'autres moments, distante et insaisissable. Mais là, dans la voiture, son esprit était obsédé par quelque chose.

C'était la première fois qu'elle lui disait ce qu'elle attendait de lui. *Ne me mens pas.*

Il lui était pourtant impossible de lui offrir la vérité qu'elle réclamait. Il s'interrogea lui-même en se demandant s'il était réellement gêné d'avoir amené chez ses parents une femme qu'ils ne pouvaient accepter – car il le savait bien tout au fond de lui-même. En longeant les appartements illuminés, les bureaux plongés dans l'obscurité, il songea combien il aurait voulu entrouvrir la porte qui permettait d'accéder à cette femme assise à côté de lui, et apprendre ses peurs. Une femme dont il ignorait presque tout.

« Tu ne m'avais jamais raconté ces histoires à propos de ta mère.

— À quoi bon parler de ceux qui ne sont plus ?

— Je veux juste mieux te connaître, comprendre ce que tu ressens. Au fond je ne sais pas qui tu es. » Sa voix remplissait l'habitacle et résonnait à ses propres oreilles. « Tu ne veux pas me laisser le découvrir. »

Elle se détourna vers la fenêtre pour regarder les feux d'artifice au loin, et pendant un moment ils n'entendirent plus que les explosions assourdies.

« Comment connaît-on vraiment quelqu'un ? dit-elle finalement. Même si je mettais mon cœur à nu, que je le découpe en morceaux, et que je t'en explique chaque détail, minutieusement, à la fin, il faudrait bien que je remette tout ce bazar dans ma poitrine. Encore plus fragile qu'avant. »

Ils demeurèrent silencieux pendant le reste du trajet. Non loin de Dongzhimen, Leo pila car il avait failli renverser un enfant qui traversait en courant.

Il déposa Jia Jia devant chez elle. Elle lui sourit avant de descendre. C'était un sourire triste et tendre, plein de regret.

Elle serra son manteau autour d'elle et marcha vers l'immeuble sans se retourner.

CHAPITRE 7.

Sur le palier, devant la porte de l'appartement des parents de Leo, Jia Jia avait appris par sa tante que Li Chang venait d'être arrêté pour corruption. Quelques années plus tôt, il avait offert un tableau calligraphié ainsi qu'une somme d'argent à un membre officiel du gouvernement afin de bénéficier de son soutien dans l'attribution d'un marché. L'homme en question avait été mis en examen et Li Chang, comme de nombreux autres hommes d'affaires, avait été arrêté lui aussi.

Plongée dans une crainte permanente, sa tante avait perdu toute vivacité au cours des semaines suivantes. Souvent, elle venait dormir chez Jia Jia. Elle était allée voir toutes les personnes qui avaient un rapport quelconque avec la commission disciplinaire, mais la plupart n'avaient aucune information à lui fournir, et les autres ne faisaient que lui mentir pour la réconforter.

Pour se distraire, sa tante finit par s'inscrire à un cours d'art floral. Elle était plus maigre à présent, et dans sa nuque, la peau paraissait flasque sous la chaîne en or qu'elle portait toujours. Elle était constamment fatiguée. Jia Jia la pressait de voir un médecin ; chaque fois, elle disait oui, mais elle trouvait invariablement un prétexte pour annuler le rendez-vous. Soit elle dormait toute la journée, soit elle ne dormait pas du tout. Elle prit l'habitude de fumer, et ses querelles avec sa mère devinrent plus fréquentes encore.

Avril avait succédé à mars, Jia Jia n'avait toujours pas revu Leo. Elle n'était pas allée au bar, et il ne l'avait pas contactée non plus. Elle concentrait toute son attention sur la peinture murale, qu'elle voulait terminer. (« Sois prudente avec Mme Wan, et ne parle pas trop de Li Chang », lui avait dit sa tante.) Au départ, on lui avait seulement demandé de peindre la partie centrale du mur en laissant une bande blanche sur les côtés, mais madame Wan était si fascinée par le travail de Jia Jia qu'elle lui avait demandé de peindre aussi les bordures, lui offrant dix mille yuans de plus.

« Prenez votre temps. Les choses les plus belles naissent de la lenteur.

— Vous semblez être souvent à la maison ces temps-ci, avez-vous moins de travail ? demanda Jia Jia en commençant à dessiner sur la partie blanche, pour prolonger l'étang bleu.

— J'en ai assez. J'ai décidé de faire une pause. » Madame Wan ôta ses lunettes et posa son exemplaire des *Méditations* sur la table. « L'industrie du cinéma est devenue inepte.

— C'est vrai, les films d'aujourd'hui sont vraiment mauvais.

— Regardez-moi ces deux types dans ce nouveau film, dit madame Wan en pointant la télécommande vers la télévision. Ils ont l'air identiques ! Même coupe de cheveux, même forme de visage, même corpulence, comment le public peut-il seulement les différencier ? »

Jia Jia regarda l'écran. Encore un de ces films sur la lutte entre l'armée Rouge et le parti nationaliste. Le personnage principal, un espion de l'armée Rouge, était grand, les sourcils sombres. Et effectivement, il ressemblait beaucoup au capitaine de l'armée nationaliste. Dans les scènes d'action, on aurait dit un homme se battant contre son double.

« Il y a beaucoup d'argent en jeu, ajouta madame Wan à regret. Le gouvernement soutient les activités culturelles, ce qui est formidable, dit-on. Mais j'en ai tellement assez de faire de mauvais films. Voulez-vous boire un verre avec moi ? »

Madame Wan prit une bouteille de porto à demi entamée dans un placard et servit deux verres. Jia Jia la regardait tenir la bouteille, les poignets tremblants en versant le liquide, sa grosse tête penchée sur le côté.

« Les gens sans éducation ont de plus en plus de pouvoir dans ce pays, dit-elle en se retournant lentement vers Jia Jia pour lui tendre son verre. Les bons films ne rapportent plus assez. »

Après avoir donné son porto à Jia Jia, elle retourna s'asseoir sur son canapé, d'un pas très lent et chancelant. Puis elle remit ses lunettes et reprit sa lecture.

Ce soir-là, Jia Jia travailla tard. Madame Wan mit les enfants au lit, appela le chauffeur et vers minuit fila à la boîte de jazz de son mari. Jia Jia continua à peindre en silence à la lumière d'une seule lampe.

Un peu après deux heures, elle se sentit gagnée par la fatigue et fit une pause. Elle n'avait pas encore touché à son porto, elle attrapa son verre et prit un peu de recul. L'immense fresque était devenue merveilleuse. Le Bouddha ancien, Shakyamuni, était assis au centre sur une fleur de lotus, tenant une sébile de mendiant dans une main, de l'autre prenant la terre à témoin. Le reste de la peinture représentait les événements majeurs de la vie du Bouddha. Jia Jia l'avait peinte à grand renfort de détails, dans des tons essentiellement jaunes et orange, avec ici et là des taches d'émeraude ou de cobalt pour les vêtements ou les pièces d'eau.

Tandis qu'elle observait sa peinture dans la lumière faiblarde, l'eau de l'étang s'anima, puis elle commença à couler, à recouvrir tout le mur. Les démons, les dieux, et finalement l'ancien Bouddha lui-même, furent submergés, jusqu'à ce qu'il ne reste plus devant Jia Jia qu'un seul poisson, pareil à une pièce d'argent.

Elle n'avait aucun doute, c'était la créature qu'elle avait déjà vue auparavant, plus grande et plus forte cette fois. Elle nageait en cercles, visiblement agitée. La masse de l'eau, toujours aussi profonde, se troublait, comme prête à tout engloutir sur son passage. D'instinct, Jia Jia fit un pas en arrière, puis se figea, le poisson s'était tourné vers elle, l'invitant à entrer dans l'eau.

L'air était froid.

Elle tendit la main avec circonspection et caressa la queue du poisson. Il sursauta, se débattit pour repousser sa main, et continua de nager. Ses écailles formaient de larges diamants purs et scintillants. Elle essaya de trouver des ressemblances entre ce poisson et celui que Chen Hang avait dessiné, mais il n'y en avait aucune. Leurs formes étaient différentes.

Hésitante, Jia Jia lâcha son verre de porto et s'avança vers ce qui auparavant était sa peinture, désormais simple masse d'eau, là elle tenta à nouveau de toucher le poisson. Cette fois, il tourna la tête vers sa main tendue et s'immobilisa un moment. Elle plongea dans l'eau, se mit à nager dans les ténèbres et le poisson la suivit. Plus elle s'enfonçait, plus elle remarquait que la créature brillait faiblement, seule source de lumière dans la pénombre des abysses.

À nouveau, elle perdit tout sens de l'orientation. Aucun signe ne montrait qu'elle avançait réellement. Elle nageait sur place, battant des pieds, le poisson à ses côtés. Elle fit demi-tour, repartant dans la direction d'où elle pensait être venue, sans aucune certitude. La lumière argentée du poisson déclina peu à peu, puis elle se retrouva seule. Allait-elle se noyer ? Allait-elle demeurer là et mourir de faim ? Et le porto ? Il avait dû tacher le tapis. Y avait-il un tapis sur le sol ? Jia Jia ne s'en souvenait plus.

Elle ferma les yeux et cessa de se mouvoir.

Un temps indistinct passa, et elle entendit un bruit. Elle était appuyée contre un mur à présent. La surface solide lui donnait l'impression d'être de la glace contre son dos. Des larmes se mirent à couler sur son visage, réchauffant sa peau. Sur le sol de marbre s'était renversé le liquide d'un rouge sombre.

Le verrou de la porte tourna, et madame Wan entra avec son époux.

En la trouvant à terre, en larmes, madame Wan s'inquiéta. Jia Jia lui assura qu'elle était simplement bouleversée par l'histoire du Bouddha.

« C'est là le pouvoir de la religion », nota madame Wan avec une compassion profonde.

Le lendemain, Jia Jia informa son agent immobilier qu'elle voulait quitter son appartement le plus tôt possible. Elle se sentait libérée à l'idée de ne pas devoir rester là à contempler le poisson et l'eau. Puisque aucun acheteur ne s'était manifesté depuis décembre, elle l'informa qu'elle acceptait de le louer à un prix légèrement inférieur à celui du marché si cela accélérait les choses. D'après l'agent, il valait mieux que

Jia Jia déménage avant, pour présenter l'appartement vide aux futurs locataires ou acquéreurs.

« La plupart des clients préfèrent les logements qui ont l'air neufs et inoccupés. »

Sa tante l'aida à faire ses cartons. Maintenant que Li Chang n'était plus là, Jia Jia envisageait de vivre temporairement avec sa grand-mère et sa tante. Celle-ci s'était montrée tellement convaincue au sujet de ce déménagement qu'elle n'émit aucune objection ; peut-être appréhendait-elle aussi de laisser la vieille femme seule si souvent. À présent, elle évitait de discuter de la situation de son mari quand Jia Jia était présente. Elle attendait souvent que sa nièce dorme avant d'appeler ses amies pour passer des heures à parler tout bas de lui au téléphone. Jia Jia ne posait jamais de questions ; sans les relations de Chen Hang, elle ne pouvait rien faire pour l'aider. En réalité, la campagne anti-corruption du gouvernement avait commencé des années plus tôt, et elle-même avait craint pour la sécurité de son époux. Un jour, alors qu'ils regardaient le journal du matin, Jia Jia avait fait un commentaire désinvolte mais compatissant à propos des hommes d'affaires corrompus et de leur famille, contraints de fuir le pays avec leur fortune.

« Tu n'as pas à t'inquiéter de tout ça, lui avait dit Chen Hang. Je ne suis pas aussi bête que ces gens-là. »

Elle se souvenait pourtant que Chen Hang rentrait souvent avec des caisses de vin hors de prix, ou du ginseng sauvage dans le coffre de sa voiture. Au dernier Nouvel An, il avait sorti d'une enveloppe rouge une épaisse liasse de billets de cent yuans tout neufs et la lui avait tendue. "De l'argent de poche de la part d'un ami », lui avait-il dit. Elle s'était acheté une sculpture en pierre à une vente aux enchères. C'était une pièce en marbre vert foncé de style cubiste représentant une femme longiligne, la hanche gauche légèrement remontée. Cette nuit-là, Chen Hang n'était pas rentré avant le petit matin. Jia Jia avait bu trois expressos et veillé jusqu'à plus de minuit, puis elle avait appliqué une épaisse couche de fond de teint sur son visage et sur la marque en forme de cerf-volant sur sa cuisse, et elle avait attendu le retour de son mari assise sur le canapé vêtue d'une robe de soie noire près de sa statue. Lorsqu'il était enfin rentré, elle dormait.

Tout en faisant ses cartons, elle regardait la sculpture qu'elle avait depuis oubliée dans un coin de la pièce, cherchant à savoir si elle lui appartenait vraiment ou pas. Elle ne voulait pas emporter les biens de Chen Hang, pourtant elle avait tout plié et rangé dans des cartons. Elle rassembla les bouteilles de cognac entamées, finit la plupart d'entre elles, versa le reste dans l'évier, observant le liquide brun qui disparaissait. Elle retira les draps et songea qu'elle n'avait jamais rien vu d'aussi triste qu'un matelas nu. Elle se souvenait à peine de ce que cela faisait de dormir auprès de Chen Hang dans ce lit. Dès leur deuxième année de mariage, elle allait souvent se coucher seule, son mari rentrait tard, ivre, et s'écroulait sur le canapé, sans même ôter son manteau. Parfois il ne rentrait pas avant le lendemain matin, prenait une douche rapide, se changeait avant de filer au bureau de nouveau. Après la nuit de la statue, Jia Jia avait cessé de l'attendre. Elle lança un dernier regard à cette pièce acquise naguère aux enchères pour une coquette somme, tout cela pour finir dans le recoin d'un appartement déserté, sans aucune valeur sentimentale, si loin de l'artiste qui l'avait créée. Peut-être méritait-elle une meilleure propriétaire, songea-t-elle, avant de traîner le dernier carton dans le couloir en refermant la porte derrière elle.

Elle emportait avec elle toutes ses œuvres et ses vêtements, et avait fait venir une fourgonnette pour la conduire chez sa grand-mère. Chen Hang était mort depuis six mois, et Jia Jia avait rangé son mariage dans des cartons. Depuis le siège passager, les rues lui paraissaient tout à la fois familières et insondables. Lorsqu'elle leva les yeux vers les immeubles, la ville qu'elle connaissait lui parut changée, remodelée. Des émanations de gaz d'échappement et l'odeur de fumée que dégageait le conducteur revenaient sans cesse lui titiller les narines. Pendant un moment, Jia Jia observa le morceau d'ambre qui se balançait sous le rétroviseur, oscillant à un rythme irrégulier dans toutes les directions. Après avoir zigzagué dans la circulation dense de l'après-midi pour déboucher sur le troisième périphérique, elle composa le numéro de téléphone de son père.

CHAPITRE 8.

Lorsque la fourgonnette de location s'arrêta devant l'immeuble de sa grand-mère, son amie Qing attendait, assise en tailleur sur les marches, une cigarette éteinte aux lèvres. Elle avait toujours fumé des roulées, habitude courante en Europe, qu'elle avait perfectionnée pendant ses études d'art.

Qing était une des rares camarades avec lesquelles elle avait conservé des liens après l'université. La première année, elles partageaient une chambre à trois, et Qing était devenue sa meilleure amie. Elles n'avaient rien en commun en dehors de leur passion pour l'art, et à l'époque ce simple désir de créer avait suffi pour qu'elles passent toutes leurs journées ensemble à peindre en silence, jusqu'à ce que le soleil se soit couché et levé à nouveau.

Qing avait des cheveux bruns, courts, qui sentaient les roseaux. Elle disait qu'elle avait toujours eu la même coupe, même si à l'origine ses cheveux étaient noirs et qu'ils avaient éclairci à l'adolescence, quant à l'odeur, elle venait du tatami japonais que sa mère avait installé dans sa chambre quand elle était petite. Jia Jia admirait sa capacité à rester fidèle à celle qu'elle était, à n'avoir qu'une seule identité.

Son armoire regorgeait de tee-shirts kaki et de jeans noirs, elle ne portait rien d'autre, à part l'hiver où elle enfilait par-dessus un épais blouson en jean noir.

En voyant Jia Jia, Qing coinça sa cigarette derrière son oreille.

« Qing Déménagement au rapport ! » Elle leva la main droite, portant son briquet vert fluo jusqu'à sa tempe, et fit un salut militaire.

Elles éclatèrent de rire toutes les deux et se mirent à monter les cartons jusqu'à l'appartement, au deuxième étage. De temps à autre, la grand-mère de Jia Jia passait la tête par la porte de la cuisine et leur demandait si elles voulaient des poires.

Quand elles eurent fini de monter les derniers cartons, la nuit était tombée et la grand-mère de Jia Jia dormait d'un profond sommeil, qui durerait jusqu'à quatre heures du matin – heure à laquelle elle s'emploierait à faire cuire une marmite de *congee* pour le petit déjeuner. Une assiette avec des poires attendait les jeunes femmes sur la table de nuit.

La chambre d'enfant de Jia Jia avait été convertie en chambre d'amis. C'était la seule qui donnait au nord, surplombant la rue principale, ce qui la rendait beaucoup plus bruyante que les autres, orientées vers la cour. Les murs blancs commençaient à jaunir, de même que les rideaux. Avec les cartons empilés les uns par-dessus les autres qui prenaient toute la place, il n'y avait même plus d'espace où se tenir debout.

« Tu as beaucoup de cartons à défaire », dit Qing, un quartier de poire dans la bouche, en s'affalant sur le lit déjà fait pour Jia Jia – les draps vert pâle dépareillaient avec la taie d'oreiller aux rayures violettes. « À propos de ce que tu m'as demandé la dernière fois, j'ai eu des nouvelles d'une galerie qui aimerait te parler. Peut-être que tu pourrais organiser une petite expo là-bas.

— J'ai appelé mon père tout à l'heure. »

Qing se redressa.

« Je l'ai appelé depuis la fourgonnette, continua Jia Jia. Il a proposé que l'on dîne ensemble. Quel est le nom de cette galerie ?

— Mais tu n'appelles jamais ton père. Tiens, fit Qing en attrapant dans sa poche arrière une carte qu'elle tendit à Jia Jia. Ils disent que tu peux passer quand tu veux la semaine prochaine.

— Merci, Qing. Tu sors toujours avec ce guitariste ?

— Qu'est-ce que c'est ? demanda Qing en sortant des toiles d'une caisse.

— Des tableaux ratés. Tu sors toujours avec lui ? Le grand mec avec la guitare violette.

— J'ai trente et un ans. J'ai décidé qu'il fallait que je songe à mon avenir un peu plus sérieusement, que je trouve quelqu'un sur qui je puisse compter. Tu n'as pas peint comme ça en série depuis l'université. Un poisson… sans tête ?

— Il est censé avoir une tête d'homme, là. » Jia Jia pointa la partie gauche de la toile. « Je pouvais compter sur Chen Hang, tu sais. »

Le clair de lune se leva, révélant partout une fine couche de poussière : la télévision, une rangée de livres sur des étagères, un dessin à l'encre d'une grue du Japon, la lanterne accrochée au cadre de la fenêtre. Jia Jia reconnut la lanterne, un des nombreux objets qui avaient appartenu à sa mère – un des rares qui subsistaient. Elle l'avait acheté à un artisan de Chongqing. La mère de Jia Jia brodait des histoires autour de tous les objets qu'elle rapportait de ses voyages. Elle demandait à la petite Jia Jia de deviner d'où ils venaient et où ils iraient.

Où qu'ils aillent, ce sera dans un meilleur endroit, avait un jour déclaré sa mère.

Jia Jia passa le doigt sur le bord de la lanterne. Où étaient partis ces objets ? Le pot en céramique de Jingdezhen ? La flûte de Yuping ? Le dragon de bronze de Xi'an ? La qipao de Shanghai ? Le rouleau de tissu brodé de Suzhou ?

Les choses se volatilisaient-elles une par une, ou toutes ensemble ? Le passé semblait n'être que ce qui subsistait.

« Depuis toutes ces années, mon père n'a jamais épousé cette femme, continua Jia Jia. Pourquoi, à ton avis ? »

Qing haussa les épaules. « Parce qu'il ne veut pas d'une famille. Il faut que je fume une cigarette.

— Pas à l'intérieur de l'appartement de ma grand-mère. » Jia Jia tapa sur le bras de Qing.

Peut-être son amie avait-elle raison, peut-être n'avait-il jamais voulu d'une famille, songea Jia Jia. À présent qu'elle avait elle aussi perdu sa famille, elle était plus à même de comprendre que son père ne veuille pas en fonder une nouvelle, qu'il rechigne à passer pour de bon à autre chose. Entre le moment où il avait annoncé qu'il était à nouveau amoureux et le jour où il avait pris sa voiture pour ne plus revenir, c'était la mère de Jia Jia qui avait désespérément cherché à l'expulser de la maison. Quand elle était enfant et que la morale était encore pour elle une chose très claire, Jia Jia avait défendu bec et ongles le parti de sa mère – la seule victime selon elle – et c'était à elle qu'elle avait offert tout l'amour dont son jeune corps délicat était capable, à elle et elle seule. Elle avait effacé de son esprit ces après-midi où elle observait son père depuis la fenêtre de leur appartement, qui faisait les cent pas, venant même parfois frapper à la porte. Elle avait oublié qu'elle ne la lui avait jamais ouverte, que c'était elle qui l'avait abandonné.

Qing se leva et prit son sac.

« Tu ne veux pas manger quelque chose avant de partir ? demanda Jia Jia.

— Régime ! »

Elle prit la cigarette, toujours coincée derrière son oreille, jeta son sac sur son épaule, et leva la main qui tenait encore le briquet fluo. De la fenêtre, Jia Jia la regarda sortir de l'immeuble et enfourcher son scooter. Elle cria merci au moment où Qing disparaissait à l'angle, cigarette aux lèvres.

Une semaine plus tard, Jia Jia était assise à une petite table ronde avec quatre chaises dans un coin tranquille d'un restaurant shanghaïen. Une serveuse en tailleur noir lui tendit un menu épais comme un roman.

Elle avait une demi-heure d'avance et se sentit soulagée d'être loin de sa grand-mère pour la première fois depuis qu'elle avait emménagé. Elle avait dit à madame Wan qu'elle était malade, qu'elle avait de la fièvre et qu'elle ne pourrait pas revenir travailler à sa peinture murale avant d'être rétablie. À la place, elle passa une semaine dans sa chambre à tenter de représenter l'homme-poisson, en vain. La pièce était trop petite, trop exiguë. Elle ne se la rappelait pas ainsi. Elle avait l'impression d'être dans un aquarium au quotidien, elle suffoquait. Sa tante était rarement à la maison dans la journée, mais au cœur de la nuit, Jia Jia les entendait, elle et sa grand-mère, se disputer à voix basse au sujet de Li Chang.

Jia Jia observa les photos des plats sur le menu, réalisées par un professionnel. Elle entamerait la conversation par un compliment sur la qualité du papier du menu – une sorte de carton glacé. Ce serait une manière appropriée de féliciter son père pour le choix du restaurant, songea-t-elle. Elle l'avait appelé lors du déménagement pour lui annoncer la nouvelle.

Depuis, elle avait compris que vivre avec sa tante et sa grand-mère n'était pas une bonne solution à long terme. Les deux femmes avaient appris à vivre ensemble au fil des années, et Jia Jia se sentait mal à l'aise dès qu'elle sortait de sa minuscule chambre.

Elle n'avait guère dormi la nuit précédente, inquiète à l'idée de continuer à vivre chez sa grand-mère, mais incapable de décider comment présenter les choses à son père. Elle n'osait imaginer combien l'appartement serait bondé quand Li Chang reviendrait. Devait-elle lui demander si elle pouvait emménager chez lui ? Il avait un appartement spacieux avec trois chambres. Il vieillissait, il serait sans doute content d'avoir sa fille à ses côtés pour s'occuper de lui, lui tenir compagnie, lui préparer son thé et bavarder avec lui le soir. Elle était résolue cette fois à ne pas s'agacer de sa nonchalance habituelle. Au moins, raisonnait-elle, si elle vivait avec lui, elle aurait davantage d'espace pour travailler.

Elle referma le menu, sirota le thé du puits du dragon qu'on lui avait apporté et patienta. À la table voisine, un vieux couple aux cheveux gris.

« Je me suis cogné le bras sur quelque chose de dur, hier soir », dit la dame. On aurait dit madame Wan en plus âgée – grosse tête, corps chétif. Jusqu'à la coupe de cheveux, identique.

« Où ça ? demanda le vieil homme.

— Dans la salle de bains.

— Et ça va, maintenant ?

— J'ai mis un pansement. »

La serveuse apporta un plat de porc braisé qu'elle déposa avec soin au milieu de la table. La vieille dame attrapa un morceau avec ses baguettes et le laissa tomber adroitement sur le riz de son mari. Puis elle en prit un autre, qu'elle fourra directement dans sa bouche.

« C'est bon », dit-elle en mâchant avec difficulté, la bouche ouverte, révélant le peu de dents qu'il lui restait.

Le vieux monsieur hocha la tête.

« On a bien déjeuné, hier, reprit-elle.

— Ça fait du bien de voir les enfants.

— Oh oui. »

Ils se turent et continuèrent de manger. Dans leurs yeux, on lisait le calme, la douceur, pas la moindre trace d'inquiétude. Parfois, ils se regardaient, mais la plupart du temps, ils se concentraient sur leur bol. Ils souriaient peu, mais à travers leurs rides, Jia Jia voyait tout ce qu'elle n'avait pas. Elle les observait, comme s'ils jouaient la dernière scène d'un film – ils vécurent heureux... – complètement en dehors de sa réalité à elle. Un sentiment de déprime l'envahit et elle baissa la tête en hâte. Les yeux clos, la tête toujours penchée, elle écouta leur silence, mourant d'envie que ce soit le sien.

Le téléphone de Jia Jia se mit à sonner dans son sac.

« Madame Wu, j'ai un acheteur pour vous ! » La voix de l'agent immobilier lui rappela l'enthousiasme professionnel des commentateurs de foot à la télé nationale. Il passa plusieurs minutes à lui expliquer qui étaient ces acheteurs potentiels : une famille de quatre personnes, un gentil couple avec deux enfants, travaillant pour des firmes américaines et gagnant très bien leur vie. À croire qu'il essayait de lui vendre la famille. Enfin, une fois satisfait de son long préambule, il annonça leur offre à Jia Jia.

« C'est trop bas. Beaucoup trop bas.

— Le marché n'est pas favorable.

— N'importe quoi !

— Madame Wu...

— Je refuse de vendre à ce prix-là. Un deux-pièces est parti pour cette somme un peu plus tôt cette année ! Un deux-pièces ! Mon appartement est un cinq-pièces !

— Je comprends...

— Non, vous n'avez pas l'air de comprendre. J'ai besoin de plus.

— Madame Wu, il est beaucoup plus difficile de vendre votre appartement. Je fais de mon mieux !

— Oh non, loin de là ! »

Jia Jia repéra son père à l'entrée du restaurant, qui parlait à l'hôtesse d'accueil. Il balayait la salle du regard en hochant la tête, à sa recherche. L'hôtesse lui désigna l'endroit où se trouvait sa fille et il se tourna vers elle.

« Il faut que vous compreniez, continua l'agent immobilier, c'est beaucoup plus difficile à cause de votre mari. »

Aussitôt, l'attention de Jia Jia revint à la conversation. « Pardon ?

— Ce n'est pas bon. Les acheteurs n'aiment pas ça. »

Son père se dirigeait vers elle à présent. Il lui parut vieux. Elle ne l'avait pas vu depuis l'enterrement de Chen Hang, et ce jour-là, elle ne lui avait pas vraiment prêté attention.

« Votre mari s'est tué dans cet appartement. C'est délicat d'en demander le prix normal.

— Il ne s'est pas tué. Dites-moi pourquoi il aurait voulu se tuer ?

— Je n'en sais rien, madame Wu.

— Il ne s'est pas tué », répéta-t-elle avant de raccrocher.

Son père s'assit en face d'elle, rayonnant. Il avait les sourcils gris, trop longs, qui partaient dans tous les sens, comme des ailes de libellule.

« Je croyais que tu étais en Europe ! » dit-il.

Furieuse contre l'agent immobilier, Jia Jia répondit sèchement : « Ça, c'était avant le décès de ton gendre. »

Le vieux monsieur assis à la table à-côté lui jeta un coup d'œil réprobateur. Du regard, son épouse lui fit signe de s'occuper de ses affaires.

« Je vois, cela fait si longtemps ? répondit son père en riant. Quand j'ai vu ton appel, j'ai cru qu'il s'était passé quelque chose. Tout va bien ? Tu as dit que tu avais emménagé chez ta grand-mère.

— Eh oui, c'était plus facile. » Elle lui tendit le menu. « Beau travail.

— Oui ! Tu es déjà venue ? Ils font de délicieux travers de porc. Les légumes...

— Je parle du menu.

— Comment ?

— La qualité du papier, c'est du beau travail. » Jia Jia désigna le menu, attendant sa réaction. Il tourna une page dans un sens, dans l'autre, observa le coin, puis passa à autre chose.

« Je vais nous commander des hors-d'œuvre. Xiao Fang est coincée dans les embouteillages.

— Cette femme doit venir ?

— Ne dis pas "cette femme", ce n'est pas gentil. Tu l'appelais tante Fang Fang, avant. Elle a juste envie de te voir. » Il appela la serveuse et commanda des oreilles de porc, du kao fu mariné, et une salade de concombre.

Jia Jia attendit que la serveuse soit partie et s'efforça de parler calmement, essayant de se rattraper après s'être montrée aussi désagréable. « Tu as vieilli. Est-ce qu'elle s'occupe correctement de toi ?

— Elle m'a trouvé un acupuncteur. Mes épaules vont mieux, dit-il en tapotant son épaule gauche. Si tu ne te sens pas en forme, parles-en à ta tante Fang Fang, elle en sait long sur les médecins. C'est une femme bien. Tu te rappelles quand elle t'emmenait à la pêche ? »

Il continua à parler de Xiao Fang. Jia Jia luttait pour ignorer son monologue passionné tout en guettant le moment où se présenterait une petite ouverture pour l'interpeller sur sa propre famille : sa famille à elle. *Et nous ?* Elle voulait savoir.

«...après notre mariage l'an dernier », l'entendit-elle dire.

Sa voix lui parut distante et creuse, comme venue du centre d'une salle d'orchestre vide. Jia Jia serra son propre poignet, et s'aperçut qu'elle avait oublié de remonter sa manche pour laisser entrevoir le bracelet de jade d'un vert sapin translucide qu'elle portait. C'était un cadeau de mariage de son père. Ce matin-là, elle avait vérifié trois fois qu'elle avait bien pensé à le mettre, afin que lorsqu'elle lui verserait du thé, il le voie à son poignet. Mais elle l'avait complètement oublié.

Elle tenta de garder son calme, de rester courtoise, mais elle avait dû réagir d'une manière ou d'une autre car son père, mal à l'aise, cherchait des yeux la serveuse, tandis que d'autres clients se retournaient vers eux.

« Vous avez fait quoi ? dit-elle.

— On s'est mariés en décembre. Je suis désolé de ne pas t'en avoir informée, mais j'ai jugé que ce n'était pas le bon moment. »

Jia Jia cherchait désespérément quelque chose à ajouter qui ne fiche pas en l'air ce dîner, qui ne fasse pas fuir son père. Mais soudain, elle ne pensa plus qu'à sa mère, gisant sur son lit d'hôpital, livide, exsangue de tout espoir, tel un pétale blanc arraché à sa tige.

« Tu as le dragon de bronze de maman ? parvint-elle enfin à articuler.

— Le dragon ? demanda-t-il sans y penser en regardant le menu et en dépliant ses lunettes.

— Peu importe. »

Elle se versa une tasse de thé et prit ses baguettes, car la serveuse venait de placer des amuse-gueule devant eux. Elle tenta d'attraper une cacahuète. Ses baguettes se rebellaient, bien qu'elle ait toujours été très adroite. *Magnifique élégance et technique parfaite*, ainsi qu'un ami de Chen Hang avait un jour qualifié sa manière de saisir les cacahuètes avec des baguettes. Que lui arrivait-il aujourd'hui ? Plus la cacahuète lui échappait, plus son envie de l'attraper se renforçait. Enfin, elle réussit à l'enfourner dans sa bouche.

Le silence tomba. Tel un puits soudain asséché, Jia Jia ne trouvait plus rien à dire à l'homme assis face à elle.

« Je ferais mieux de m'en aller », dit-elle en s'éclipsant.

Elle se hâta, abandonnant derrière elle les tables carrées, les tables rondes, passa devant le panneau indiquant les toilettes, jusqu'à l'accueil. Pas une fois, elle ne se retourna vers son père, qu'elle se figurait assis seul, le couple d'à côté aux aguets, observant ce qui serait peut-être l'événement le plus insolite de leur journée.

Quelqu'un la bouscula et lui dit pardon. Jia Jia leva les yeux et découvrit Xiao Fang. Elle fixa ce visage qui, d'après son père, était celui d'une « femme bien », essayant de lire dans ses pensées.

« Jia Jia ! Tu cherchais les toilettes ? » s'exclama-t-elle. Elle aussi avait vieilli depuis la dernière fois où elle l'avait emmenée à la pêche, des années plus tôt.

« Est-ce que par hasard tu aurais vu un dragon de bronze dans la maison de mon père ? Il est grand comme ça, environ. » Jia Jia indiqua que l'objet mesurait à peu près la taille d'une grande tasse à café. Mais déjà, elle ne pouvait plus regarder cette femme dans les yeux. Cette femme était là et sa mère ne l'était plus. Elle baissa la tête et s'engagea dans l'escalator.

De retour chez sa tante, elle se glissa sous ses couvertures, imaginant son père et Xiao Fang assis à la table ronde dans l'angle du restaurant shanghaien, dévorant un plat de porc braisé. Ils étaient en parfaite harmonie, se fondant l'un en l'autre, pareils aux parents de Leo. Ils se trouvaient sur la rive opposée d'un fleuve profond, que Jia Jia ne pouvait traverser, sur une île où il n'y avait pas de place pour elle. Les sanglots arrivèrent par vagues, sa gorge se serra douloureusement et de sa main gauche, qui portait encore le bracelet de jade, elle se couvrit la bouche pour empêcher tout son de s'échapper.

CHAPITRE 9.

Jia se réveilla le souffle court, en proie à la peur de vieillir. Elle se pencha au-dessus du lavabo et tira sur la peau de ses joues. Dans le miroir, quelques taches de plus en plus foncées apparaissaient sur sa peau. Elle sourit et examina les ridules aux commissures de ses paupières, croyant un instant les voir se ramifier ainsi que la vigne. Sur un coup de tête, elle fonça au centre commercial le plus proche où elle acheta pour presque cent yuans de crème antirides, sérum et masque anti-âge. Elle avait été tentée par un masque pour les yeux, mais y renonça.

De retour à la maison, elle traversa en trombe le salon où sa grand-mère nourrissait le poisson-clown et le poisson-chirurgien. L'aquarium était bien trop haut pour la vieille dame, et Jia Jia songea à l'aider. Au lieu de quoi elle fila à la salle de bains, où elle se débarbouilla, se beurra le visage avec la moitié du masque, puis s'assit sur le siège des toilettes et attendit.

Après sa rencontre catastrophique avec son père, elle avait passé toute la nuit avec le téléphone près de son oreiller, le volume coupé, à attendre qu'il l'appelle et retire ce qu'il lui avait dit, comme si son récent mariage pouvait être un mensonge. C'était tellement typique de sa part de ne pas se soucier d'elle, pensa Jia Jia. Sur sa table de nuit, la carte de la galerie que lui avait remise Qing jouxtait toujours le dessin de l'homme-poisson, elle n'y avait pas touché. La galerie, vendre ses œuvres, créer, plus rien n'avait d'importance. Elle n'avait pas été à la hauteur des efforts de son amie, qui avait pourtant dû se donner beaucoup de mal pour dénicher une galerie qui accepte de la rencontrer. Mais elle se sentait si fatiguée. Tout ce qu'elle touchait semblait rebondir au loin avec une force décuplée.

Elle retira le masque au bout de quinze minutes précises.

« Les gens ont tendance à commettre l'erreur de le garder trop longtemps, l'avait mise en garde la vendeuse. Ça finit par absorber l'eau de votre peau. »

Elle appliqua ensuite ses autres produits et se sentit un peu mieux. Puis elle porta son attention sur ses tableaux représentant l'homme-poisson, les extrayant de leurs boîtes en carton pour les examiner chacun à leur tour. Ils n'avaient aucune valeur artistique, jugea-t-elle, alors elle les descendit pour les jeter à la poubelle, dehors. Un seul méritait d'être conservé. En toute objectivité, c'était de loin le pire de la pile, mais il y avait dans cette laideur une honnêteté, une naïveté qu'elle avait envie de préserver. Peut-être était-ce celui qui se rapprochait le plus du dessin de Chen Hang. Ça n'avait rien d'une peinture à l'huile, elle n'avait utilisé ni sous-couche, ni fixateur, il y avait là seulement le corps d'un poisson au milieu de la toile, dans un dégradé de gris évoquant de l'encre diluée. Même les contours n'étaient pas nets, à croire que ce poisson émergeait et se désintégrait en même temps.

Elle installa le tableau sur un chevalet et s'assit sur son lit pour tenter de visualiser le visage. Elle ne pouvait plus continuer ainsi. Elle n'allait nulle part. C'était comme s'il s'était passé quelque chose entre elle et l'homme-poisson, bien longtemps auparavant, trop pour qu'elle puisse s'en souvenir, que cet événement l'ait arrachée à son axe de vie, et qu'elle doive à présent mettre un terme à tout cela. Elle avait besoin de rencontrer l'homme-poisson à son tour, afin de combler ce vide ovale sur la toile. Un instant, elle crut le voir s'élargir, tel un trou noir qui, si on le laissait faire, avalerait l'œuvre tout entière. Plus elle la fixait, plus elle était certaine qu'il lui fallait achever cette peinture. Seulement la nouvelle du mariage de son père lui occupait l'esprit, et elle ne parvenait pas à se concentrer. Elle devait quitter cette étouffante chambre jaunie. Elle se rappela cette habitude de Chen Hang de partir au loin quand il en éprouvait le besoin. Elle se demanda si elle aussi ne pourrait pas se rendre au Tibet.

Cet après-midi là, Jia Jia consulta sa liste de contacts à la recherche de l'agence de voyages de Chen Hang, se félicitant de ne pas l'avoir supprimé. La perspective de s'échapper quelques jours lui redonnait de l'énergie.

« Je veux suivre le même circuit. J'aimerais descendre dans des hôtels situés le plus près possible de ceux qu'il a fréquentés, mais dans une gamme moins chère, dit-elle à l'employée au téléphone.

— Je vais chercher et veiller à ce qu'on vous prépare ça », répondit-elle d'un ton qui rappela à Jia Jia les voix des annonces dans le métro.

Le téléphone coincé contre son épaule, elle griffonna son itinéraire avec un crayon à papier sur un vieux magazine féminin.

Jour 1 : Arrivée à Lhassa

Jour 2 : Palais Potala. Monastère de ~~Johang~~ Jokhang (tourner trois fois autour)

Jours 3-5 : Nyingchi
Jours 6-7 : Maison du guide. RÊVE ICI.
Jour 7 et après : À voir. Dépendra de l'homme-poisson.

« Et je veux le même guide, ajouta Jia Jia. Malheureusement je ne connais pas son nom.

— Je vais vérifier s'il est disponible. Vous ne voulez pas aller voir le lac Namtso ? À cette époque de l'année, c'est...

— Non, je vous remercie, ça ira pour l'instant. »

Forcée de s'adapter à l'emploi du temps du guide, Jia Jia avait deux semaines pour se préparer.

Elle tenait un plan désormais, elle sauta le pas et lu les messages de la veille. Peut-être son appartement s'était-il vendu pour un bon prix. Peut-être quelqu'un ignorait-il que Chen Hang était mort dans sa baignoire, ou s'en fichait.

La plupart des SMS étaient des publicités mais il y avait en effet un appel de l'agent immobilier, qui la pressait de le rappeler immédiatement. Madame Wan avait aussi laissé un message lui disant que son mari et elle s'inquiétaient pour sa santé.

« Quelle que soit la maladie, tout ira bien. Vous avez un bon karma. »

Un peu plus bas dans la liste, parmi tous les spams, elle fut surprise de découvrir le nom de Leo. Le message était bref : « Viens quand tu pourras. J'ai un nouveau vin pour toi. »

Jia Jia commença par rappeler son agent immobilier.

« Madame Wu, commença-t-il sans la laisser placer un mot. Il faut que vous compreniez, j'essaie de faire mon travail, mais vous n'êtes pas très coopérative. Je voulais juste être honnête avec vous à propos du contexte, vous voyez ? Madame Wu, je veux toujours le mieux pour mes clients.

— Vous avez fini ? fit froidement Jia Jia. Je possède un bel appartement dans un beau quartier. Et vous prétendez que personne ne veut y vivre ? Je ne vous crois pas. Rappelez-moi quand vous aurez des nouvelles. » Elle raccrocha.

Elle relut ensuite le message de Leo et regarda l'heure : il était presque midi. Par la fenêtre, les chatons des saules remplissaient l'espace telles des plumes, chacun cherchant un morceau de sol à conquérir.

Ils ne s'étaient pas parlé depuis la nuit des feux d'artifice en février, lorsqu'il faisait encore froid. Elle se souvenait de ces feux d'artifice. Comme ils étaient beaux. Elle se souvenait aussi de l'allure qu'elle avait ce jour-là dans sa robe orange. Aussitôt, l'inquiétude la gagna. Comment avait-elle pu vieillir aussi vite en si peu de temps ? Si elle apparaissait nue devant Leo, voudrait-il encore la toucher ? Elle ôta ses vêtements pour s'examiner dans la glace. Elle avait perdu du poids, et la peau de ses bras lui semblait flasque. Elle glissa les doigts le long de son cou et tenta de se concentrer sur ce qu'elle éprouvait au toucher. Elle voulait que ses mains ressentent ce que les mains d'un autre ressentiraient. Sur ses épaules, la peau était sèche, ses seins étaient toujours aussi petits, sa taille plus fine qu'elle le croyait, et ses hanches moins rondes que dans son souvenir. Elle plaça une chaise devant la glace et s'assit, jambes écartées. Elle fit glisser son index depuis sa tache de naissance, remonta jusqu'à ses poils pubiens, son clitoris, et là fut rassurée par la douceur et la chaleur qu'elle rencontra. Elle en conclut que son corps était encore désirable.

Elle sortit des vêtements du soir et attendit que le soleil vire à l'ouest.

Leo installait un couple à une table quand Jia Jia poussa la porte. Elle portait une robe grise avec un blouson de cuir assorti. Elle avait perdu du poids, songea Leo. Il ignorait qu'elle viendrait ; il ne s'était pas rendu compte à quel point elle lui avait manqué jusqu'à ce qu'il lui écrive ce message et se mette à guetter sa réponse. Et maintenant qu'elle était assise sur son tabouret habituel, devant lui, elle lui manquait plus que jamais. Ses épais cheveux noirs qui lui tombaient dans le dos oscillaient d'un côté, puis de l'autre, dès qu'elle bougeait, en un ballet calligraphique.

« Pardon d'être venue sans m'annoncer », dit-elle.

Leo mixa et servit leurs cocktails à ses autres clients, puis fit un crochet par la cave à vin en revenant au bar. Il sortit la bouteille de vin blanc qu'il avait mise de côté pour Jia Jia, cadeau d'un vieil ami qui lui avait rendu visite de Tokyo.

« J'ai gardé cette bouteille pour toi. C'est un vin japonais. Impossible à trouver à Beijing.

— C'est vraiment très gentil, et aussi que tu continues de penser à moi. J'ai dit des choses terribles.

— De quoi parles-tu ?

— Je t'ai dit des choses terribles.

— C'est moi qui te dois des excuses. Mais peu importe, je suis content que tu sois venue. » C'était vrai, il était très heureux de la voir, enfin, et il était réellement navré de ce qui s'était passé cette nuit-là.

« J'ai déménagé, j'habite chez ma grand-mère. » Elle goûta le vin. Leo attendit sa réaction. Elle s'attendait visiblement à autre chose, mais cela ne parut pas lui déplaire.

« Qu'as-tu fait du tableau avec le cheval ? Celui qui était accroché au-dessus du canapé ?

— Je l'ai emporté. Il prend beaucoup de place chez ma grand-mère. Est-ce que tu pourras me pardonner les choses terribles que je t'ai dites ?

— J'aurais sans doute dû mieux réfléchir avant de précipiter les choses.

— Je suis heureuse d'avoir rencontré tes parents. »

L'image de Jia Jia évoquant les souvenirs de sa mère lui revint à l'esprit – ses yeux sombres, brillants, des pierres dans un ruisseau clair.

« Où est-elle, ta mère ? »

Jia Jia réfléchit un moment à la question. Elle détourna les yeux et répondit tout bas : « Dans un monde meilleur, peut-être. »

Puis elle sembla se rappeler quelque chose et fouilla dans le sac en papier qu'elle avait apporté.

« Tu es déjà allé à Chongqing ? Ma mère en a rapporté ça, il y a des années. » Elle sortit du sac une petite lanterne. « J'ai pensé que ce serait joli dans ton bar. »

La lanterne ovale devait être d'un orange éclatant à l'origine, mais la couleur avait passé, elle était plutôt brune désormais, ce qui lui conférait un charme plus tranquille.

« Je ne peux pas, dit Leo.

— Oh… tu ne veux pas de mon cadeau ? Je ne supporte pas de la voir accrochée dans mon ancienne chambre, triste et sans vie. »

Un client attira l'attention de Leo en venant au bar, où il posa son verre vide.

« Madame Wu, heureux de vous retrouver ici. »

Jia Jia sursauta.

« Désolé de vous avoir parlé sur ce ton au téléphone, madame Wu, j'ai peut-être été un peu pessimiste, continua-t-il. J'ai réussi à trouver des locataires cet après-midi. Le loyer qu'ils proposent n'est pas aussi élevé que pour d'autres appartements de la résidence, mais ce n'est pas négligeable. Je pense que vous devriez être contente.

— Je te présente mon agent immobilier, dit-elle à Leo.

— Enchanté. » L'homme tendit la main à Leo, qui la serra avec fermeté et dit à Jia Jia qu'il gardait la lanterne pour l'instant, avant de s'éclipser pour les laisser discuter. Il sortit du bar un moment et regarda l'immeuble d'en face où elle avait vécu. Il compta les étages et repéra la fenêtre de sa chambre. Il se souvenait du dernier soir où il avait vu de la lumière, une semaine plus tôt, depuis il se demandait où elle se trouvait.

Lorsque Leo rentra, l'agent immobilier avait rejoint son amie, laissant Jia Jia inspecter les traces de doigt sur son verre, seule.

« Dis-moi, depuis quand est-on devenus des étrangers l'un pour l'autre ? dit-elle sans quitter le verre des yeux.

— On n'est pas devenus des étrangers. On l'a toujours été. » Il soupira doucement – un soupir solide et déterminé.

« Je vois que tu m'en veux toujours », répondit-elle.

Elle donnait l'impression d'être à mille lieues de là, dans un petit village au-dessus des nuages, surplombant le monde où vivait Leo. Elle voyait tout mais ne s'arrêtait sur rien.

« Tu as déjà ressenti ça, quelque chose t'arrive... dit-elle en tapotant son verre, quelque chose qui te change en profondeur ? Une transformation irréversible, et on se demande si c'est vraiment ça la personne qu'on veut être. Et on reste là à s'interroger, est-ce qu'on aime vraiment ce nouveau moi, jusqu'à ce qu'il se produise autre chose et que tout soit remis en cause. Ça t'arrive d'éprouver ça ? Si je t'avais rencontré avant d'épouser Chen Hang... »

Laissant son verre de côté, Jia Jia se tourna enfin vers Leo. Il lâcha les verres sales qu'il tenait dans l'évier, et le cliquetis sonore coupa la parole à Jia Jia.

« Tu ne crois pas que parfois, il faut juste aimer le plus simplement possible ? » répondit-il.

Pour la première fois de la soirée, Jia Jia lui accordait toute son attention. Il lut une vague d'émotion dans son regard. Elle avait les yeux noirs, si noirs, et Leo songea qu'il n'avait jamais vu des yeux aussi beaux et aussi tristes.

« Tu sais ce que j'ai décidé aujourd'hui ? lui annonça-t-elle d'une voix assurée. Je vais aller au Tibet.

— Donc tu es venue me dire au revoir. » Il résista à l'envie de lui demander pourquoi elle allait au Tibet – elle avait ses raisons, et ça n'avait rien à voir avec lui.

Jia Jia laissa son regard se perdre.

« Crois-tu que je doive t'attendre, demanda Leo.

— Je pense que tu ne devrais plus ainsi mêler ta vie à la mienne. Ce n'est pas ce que je souhaite. »

Elle vida son verre d'une traite et le remplit à nouveau, ainsi que celui de Leo.

« Bois avec moi, ce soir. » Elle trinqua. « Gardons un bon souvenir de cette nuit. »

C'était un dimanche soir, le bar était calme. L'agent immobilier de Jia Jia paya sa note et partit, en lui annonçant qu'il lui enverrait dans la semaine le bail de location à signer. Leo ferma pour la nuit. Il dénoua son nœud papillon d'un geste négligent, et le fourra dans son sac sans le plier contrairement à son habitude.

À mesure que la nuit avançait, ils parlaient moins et buvaient davantage. Au fil de leurs rares conversations, Jia Jia riait plus franchement que jamais. Elle passa de l'autre côté du bar et se mit à examiner sa collection de whiskeys, elle fouilla dans son sac pour chiper son nœud papillon, le passa autour de son cou et prit une photo avec le téléphone de Leo. Elle se montrait plus familière que de coutume. Il éprouva du regret pour ce qu'ils n'avaient pas vécu, les nuits qu'ils n'avaient pas passées ensemble derrière les fenêtres éclairées de leur propre appartement.

Ils écoutèrent du disco sur leurs téléphones et dansèrent. Jia Jia se moqua de lui parce qu'il n'avait que du jazz.

« Comment veux-tu danser sur des morceaux pareils ? » le taquina-t-elle en inspectant sa collection.

Lorsque le jour apparut à la fenêtre, il la raccompagna à la porte et lui dit qu'il l'aimait.

« À quel point est-ce que tu m'aimes ? demanda-t-elle.

— Je ne sais pas.

— Très bien. »

Elle rattacha ses cheveux et prit la direction du métro.

Leo nettoya les verres, excepté celui de Jia Jia. Il resta longtemps assis sur le tabouret tout au bout de la rangée, tenant son verre à elle. Quand il sentit l'engourdissement l'envahir, il le lava avec soin et le suspendit au-dessus du bar, parmi les autres. Il disposa la lanterne sur une petite table, à l'angle du comptoir, et rentra chez lui pour une longue et profonde nuit de sommeil.

Quand Jia Jia arriva chez sa grand-mère, l'aquarium était en feu. Une seule flamme, de la hauteur d'un enfant, jaillissait à la base du réservoir, s'élançant vers le plafond. Le corail se balançait à la manière d'un métronome, les poissons poursuivaient leur molle errance, insouciants.

Elle se précipita à la cuisine pour y dénicher un récipient quelconque. Sa grand-mère rinçait du riz et, à l'instar des poissons, n'avait aucune idée de ce qui se jouait à côté. Jia Jia retira un seau de sous l'évier, bousculant au passage une bouteille de produit ménager. Elle le remplit d'eau et l'emporta dans le salon où elle le vida sur l'aquarium, en en renversant la moitié sur elle. Le feu parut faiblir. Elle recommença. Dans l'intervallc, sa grand-mère était sortie de sa cuisine et hurlait.

« Vite, vite, vite », répétait-elle en traînant les pieds le plus rapidement possible.

La tante sortit de sa chambre et vola à la rescousse, filant à la salle de bains pour remplir un autre seau, tandis que Jia Jia criait à sa grand-mère de se tenir à l'écart. Elle ignorait combien de seaux d'eau elle avait déversés sur l'aquarium. Elle était hors d'haleine, et ses bras refusaient de soulever quoi que ce soit. Enfin, sa tante réussit à noyer les dernières flammes.

Jia Jia débrancha l'aquarium, et le néon bleu s'éteignit, plongeant les poisons et le corail dans l'obscurité. Les trois femmes restèrent plantées devant, muettes.

CHAPITRE 10.

La tante et la grand-mère entreprirent de monter la garde, dormant chacune leur tour. Elles voulaient être sûres, disaient-elles, que l'une d'elles soit réveillée au cas où un nouveau feu se déclencherait. Un électricien était venu et avait mis l'incendie sur le compte de la vétusté du matériel. Depuis, les câbles et les prises avaient été changés, mais la tante continuait à faire les cent pas devant l'aquarium tous les soirs, jusqu'à ce que sa vieille mère prenne la relève vers deux heures du matin.

Jia Jia devait achever son travail chez madame Wan. La fébrilité de sa tante et de sa grand-mère l'oppressait, et puis, elle avait besoin de son dernier versement pour payer son voyage. Lorsqu'elle l'appela pour prendre rendez-vous, Mme Wan lui apprit qu'elle était aux États-Unis avec ses enfants, elle regrettait de ne pouvoir assister à l'achèvement de la fresque. La domestique serait présente à son domicile, lui précisa-t-elle.

Quand Jia Jia arriva à l'appartement, après le déjeuner, ce fut le mari de Mme Wan qu'elle découvrit sur le canapé en train de faire des ronds de fumée. Elle s'étonna de le trouver seul avec un cendrier de bronze débordant de mégots de Yun Yan, de coquilles de noix, et de serviettes en papier froissées. Il n'était jamais à son domicile l'après-midi, d'après ce qu'elle en savait. Son catogan était attaché plus bas, mais on distinguait encore ses quelques cheveux gris derrière les oreilles et sa barbe semblait plus longue que d'ordinaire.

« Désolé pour le désordre, je ne savais pas que vous veniez. » Avec un sourire piteux, il vida le cendrier, lava du raisin pour Jia Jia, et le posa dans une assiette sur le meuble à chaussures de l'entrée.

« Je n'avais pas l'intention de m'interrompre si longtemps. Je suis désolée. Je ne crois pas vous avoir jamais demandé votre nom.

— Je m'appelle Du Fan, mais vous pouvez m'appeler Old Du. Et il n'y a aucune urgence à terminer cette peinture. Aucune. » M. Du se retourna vers le canapé en agitant la main vers l'œuvre de Jia Jia, comme s'il voulait qu'elle s'écarte.

« Monsieur Du, si je vous dérange, dites-le-moi, je peux revenir un autre jour, quand vous ne serez pas chez vous. Demain, par exemple.

— Mais non », marmonna-t-il dans sa barbe. Nerveux, il ne savait pas quoi faire de ses mains. « Je vais me chercher un verre. »

Sur la table, une bouteille de cognac était déjà entamée, et les relents d'alcool saturaient l'air confiné de la pièce. M. Du se versa un verre.

« Madame Wan et les enfants sont en vacances aux États-Unis ? demanda Jia Jia tout en préparant une palette de bleus.

— Elle est à Boston pour leur acheter des taies d'oreiller et des housses de couette. Les enfants vont aller en pension là-bas.

— Mais ils sont si jeunes ! Vous avez une maison à Boston ?

— Ils auront un tuteur. Un bon ami à moi. On se connaît depuis le collège. Wan Lian revient dans quelques jours, lorsqu'ils auront commencé les cours. Elle devait rentrer hier, vous savez ? » Il mit le poing contre son oreille, comme s'il téléphonait, et poursuivit : « Mais elle m'a appelé en racontant : "Oh le matelas est trop mou, ils vont se déformer la colonne, il faut que je leur en achète un autre. Et il leur faut aussi des meubles à chaussures pour les nouvelles paires de baskets que nous avons achetées à New York, sinon leurs petites chambres seront nauséabondes. Il faut que j'achète une raquette de tennis à Huihui, il faut que j'achète des chaussons de danse à Yingying, il faut que j'achète ceci, il faut que j'achète cela." »

Il vida son verre d'un trait et continua : « Quand j'étais jeune, j'aurais adoré avoir un matelas mou. Les enfants doivent apprendre à grandir, il ne faut pas trop les gâter, vous ne trouvez pas ? Vous avez des enfants ? »

Jia Jia secoua la tête avec l'air de s'excuser, désolée de ne pouvoir sympathiser avec lui puisqu'elle n'avait pas d'enfants.

« Mais vous êtes mariée ? »

Elle réfléchit un instant et secoua la tête à nouveau.

« Une minute. » Monsieur Du disparut dans la chambre et réapparut avec une guitare en bandoulière. Il tira une chaise vers lui, s'assit et se mit à l'accorder. « Vous pouvez me passer mon verre ? Et mes cigarettes. »

Elle lui apporta son cognac, son tabac et le cendrier de bronze, taché par des années d'usage. À présent vide, il avait l'air perdu, à l'abandon.

« Je vais vous chanter une chanson ! » Il donna une petite tape sur sa guitare. « Qu'est-ce qui vous ferait plaisir ?

— Tout me va.

— Ne me sous-estimez pas, jeune dame. Je chantais dans mon bar tous les mercredis soir ! Je suis plutôt bon. Mais je chante rarement, même pour ma femme. Allez, dites-moi quel morceau vous ferait plaisir.

— Non, vous, choisissez. » Jia Jia retourna à sa peinture, prit son pinceau et attendit qu'il commence à jouer.

Il alluma sa dernière cigarette et prit une bouffée avant de la poser en équilibre sur le bord du cendrier, fumant comme un bâton d'encens. Il plaqua quelques accords, puis il se lança.

La pureté de cette voix pénétrante surprit Jia Jia ; elle s'attendait à quelque chose de plus rugueux. Mais son timbre était aussi clair qu'une belle journée au sommet d'une montagne. C'était une chanson en anglais que Jia Jia connaissait mais dont elle ne parvenait pas à se rappeler le titre.

Il prononçait bien l'anglais, mais la plupart du temps, remplaçait les paroles par des « la la la ». La cigarette s'était presque entièrement consumée et il l'écrasa dans le cendrier.

« Nous allons divorcer », lâcha-t-il sur la note finale.

Puis il pinça fort une note discordante, ses paupières se crispèrent, il ouvrit la bouche et laissa échapper un vagissement de nourrisson. Son visage était ridé comme un torchon qu'on tord.

« On s'est disputés et… » Il claqua des doigts. « D'un seul coup, elle m'a dit qu'elle voulait me quitter.

— Et les enfants ? »

Il enfouit sa tête dans ses mains sans répondre.

« Jamais je n'aurais cru qu'elle me quitterait », finit-il par dire.

Jia Jia laissa choir son pinceau dans la demi-bouteille en plastique qu'elle avait remplie d'eau. Le vert forêt se dilua, colorant l'eau d'un vert laiteux. Elle se demanda si Chen Hang aurait un jour demandé le divorce pour en épouser une autre. S'il avait abandonné Jia Jia de la sorte, serait-elle là aujourd'hui à peindre et écouter pleurer M. Du ?

Ça n'avait plus d'importance. En le voyant en larmes, sa guitare sur les genoux, comme si son cœur allait se briser devant elle, étrangement Jia Jia éprouva un moment de sérénité. À croire que leurs cœurs s'étaient touchés, l'espace d'un instant.

« Jia Jia, dit soudain M. Du en relevant la tête. Je ne vous ai même pas demandé, êtes-vous complètement rétablie à présent ? Quelqu'un s'est occupé de vous pendant que vous étiez malade ?

— Je suis revenue vivre chez ma grand-mère. Ma tante habite avec nous.

— Votre tante... la femme de Li Chang, c'est ça ? C'est un type bien. Dites-moi si je peux faire quelque chose pour vous aider. » Il essuya ses larmes, lui sourit.

M. Du chanta durant le reste de l'après-midi tandis que Jia Jia peignait, alternant entre des chansons chinoises et des chansons en anglais, passant tous les styles en revue, jazz, rock, folk. Elle fredonnait en chœur celles dont elle connaissait la mélodie.

Vers la fin de la journée, elle consacra une heure supplémentaire à perfectionner la sébile de mendiant au centre du tableau. Caressée par les mains du Bouddha ancien, elle étincelait comme un saphir.

M. Du ne dit pas grand-chose ensuite, il se contenta d'agiter la main quand elle lui annonça qu'elle avait fini. Une horde d'hommes et de femmes faisaient la queue devant le métro lorsqu'elle y arriva. Elle posa son sac sur le tapis de la machine à rayons X à l'entrée de la station, et un groupe de femmes entre quarante et cinquante ans, appareils photos en bandoulière, la poussèrent à travers le détecteur de métal.

Elle laissa les autres passagers monter avant elle dans la rame ; ils étaient plus pressés qu'elle de rentrer chez eux. Elle décida qu'à son retour du Tibet, elle apprendrait à conduire. Elle était soulagée d'avoir terminé la peinture murale chez les Wan. Elle n'aimait pas laisser les choses inachevées, et c'était en quelque sorte un bon présage pour son voyage. Elle imagina ce qu'aurait dit Leo s'il l'avait vue.

Il lui aurait fait des compliments, pensa-t-elle.

Quelques jours plus tard, Mme Wan invita Jia Jia à venir chercher son argent. La domestique était de retour elle aussi, elle remplissait à nouveau le réfrigérateur de bouteilles. Du saké japonais, cette fois.

M. Du n'était pas à la maison.

« C'est exactement ce que je voulais ! s'émerveilla Mme Wan en se penchant pour faire courir son index sur la peinture. On dirait que ces étangs sont réels ! Oh, et regardez-moi les yeux de Bouddha ! Ils sont si doux… si bons. »

Elle s'agenouilla sur le sol de marbre, joignit les mains devant sa poitrine, ferma les yeux et se mit à prier, à croire qu'il y avait un dieu à l'intérieur de la fresque désormais achevée.

« Je vous rapporterai quelque chose du Tibet, dit Jia Jia.

— Seule une personne bonne et pure comme vous pouvait peindre un tableau aussi saisissant. » Mme Wan se leva et serra le bras de Jia Jia. Elle avait une poigne ferme qui contrastait avec son corps frêle et décharné.

« J'ai appris que mon mari était à la maison lorsque vous êtes venue la dernière fois, reprit-elle. Vous a-t-il dit que je vais déménager ? L'air est trop pollué dans le centre.

— C'est terrible.

— Ça ne me gêne pas de vous l'apprendre : nous allons divorcer. Les enfants sont aux États-Unis à présent, donc je pense que c'est le bon moment. Je ne peux vraiment plus rester avec lui. Il n'est jamais à la maison. Autant vivre seule. Nous n'avons pas dîné en famille tous ensemble depuis plus de deux mois. Deux mois ! C'est plus de soixante jours. Et quand je suis rentrée, c'était à croire que l'appartement avait été cambriolé ! Quel bazar ! » Mme Wan s'agitait au milieu d'un cercle et désignait des choses au hasard.

Elle prit son sac à main et en sortit deux liasses de billets de cent yuans tout neufs entourées d'une bande de papier.

« Comment pourrais-je passer une journée de plus avec cet homme ? dit-elle en tendant l'argent à Jia Jia. Je vous laisse recompter. Je suis un peu désorganisée en ce moment. Il est très sale en plus, vous savez ? Même après sa douche, j'ai l'impression qu'il est encore sale.

— Il vous aime vraiment », répondit Jia Jia, ne sachant quoi dire d'autre. Elle fourra directement l'argent dans la poche extérieure de son sac, pour témoigner à Mme Wan sa confiance.

« Nous avons deux enfants. Ce ne sont pas l'amour et la passion qui nous feront rester toute une vie ensemble. Le mariage, au bout du compte, c'est deux personnes qui s'entendent bien et passent les heures agréablement ensemble, c'est avoir un compagnon pour ses vieux jours. Il ne comprend pas ça.

— Si vous déménagez, que ferez-vous de ma peinture ?

— Je suis sûre qu'Old Du sera heureux de l'avoir. Ça lui fera du bien, si vous voulez mon avis. Vous m'appellerez à votre retour ? J'aurai un mur encore plus grand dans mon salon. » Elle ouvrit les bras pour lui montrer l'immensité du mur. « Je veux une autre peinture. Plus grande ! »

Jia Jia acquiesça et laça ses baskets pour partir.

« Monsieur Du a une très belle voix quand il chante.

— Il a chanté pour vous ? Autrefois, à la maison, il chantait du matin au soir, jusqu'à la naissance de notre second enfant. C'était trop bruyant pour moi. Je préfère un environnement tranquille. » Elle se frotta la nuque et fit la grimace. « Sans doute que je vieillis. Même l'été, je sens toujours comme un courant d'air froid qui me souffle dans la nuque. »

Elle s'enveloppa le cou d'un foulard bleu et raccompagna Jia Jia à la porte.

CHAPITRE 11.

À l'heure du départ pour Lhassa, Jia Jia eut la surprise de trouver Xiao Fang devant l'immeuble. La femme de son père portait ce jour-là un chemisier de soie rose, un short en jean et elle avait négligemment attaché ses cheveux raides, teints en noir, à l'aide d'une barrette à carreaux Burberry. Son rouge à lèvres soutenu donnait à ses lèvres marquées par l'âge un air d'airelles séchées. Quant à son short, il était trop court et ne lui seyait guère ; elle s'était toujours comportée en gamine têtue, n'en faisant qu'à sa tête, sans se soucier des conséquences. Enfant unique, elle avait l'habitude d'être le centre de l'univers, pour elle-même et pour sa famille, et à présent le père de Jia Jia faisait partie de cette famille.

La jeune femme souleva sa valise pour descendre les marches de l'entrée. À l'est, le ciel était bleu, mais au-dessus d'elle, il avait viré au gris.

« Jia Jia ! » Xiao Fang ôta ses lunettes de soleil et les agita en l'air. « Tu pars maintenant ? J'ai parlé à ta tante, elle m'a dit que tu te rendais au Tibet. Je vais t'emmener à l'aéroport. »

Jia Jia chercha des yeux son père.

« Je suis venue seule, ajouta-t-elle comme si elle lisait dans ses pensées. Ton père ne sait pas que je suis là. Il se fait vieux, maintenant, tu sais ? Il a des problèmes de constipation, et son épaule le fait souffrir en permanence. Jia Jia, ça te dirait de revenir vivre avec nous ?

— *Re*venir vivre avec vous ?

— Nous avons deux chambres libres, dans l'une, il y a même une salle de bains, tu...

— Non. Enfin, je veux dire qu'il n'y a aucun besoin pour l'instant. Je suis très bien ici. »

Sur le visage de Xiao Fang s'afficha un air morose, triste, une mine de chien battu que Jia Jia aurait rabroué.

« Ta tante passe par des moments difficiles, tu sais », dit-elle, déçue de voir la jeune femme attraper sa valise et s'éloigner.

Elle s'exprimait telle une mère qui tente d'expliquer quelque chose de compliqué à son enfant avec le plus de douceur possible, pour ne pas la heurter. La mère de Jia Jia ne lui avait jamais parlé ainsi : elle riait, pleurait, aimait et haïssait de toutes ses forces vives, et jamais elle n'avait épargné à sa fille aucune vérité – qu'elle soit belle ou destructrice. Jia Jia se souvenait combien, petite, elle avait eu envie que le soir sa mère lui caresse les cheveux en lui murmurant qu'ils continueraient à former une famille unie, que la femme qui se tenait à présent devant elle n'était autre que tatie Fang Fang. Au lieu de quoi sa mère la prenait dans ses bras, elle sanglotait parfois dans ses cheveux, ou bien elle la berçait avec un sourire distrait au coin des lèvres. Elle n'avait jamais essayé de lui expliquer quoi que ce soit.

« Mon ancien appartement est vide, continua Xiao Fang. Si ça ne te dérange pas, tu peux t'y installer. Toi, ta grand-mère et ta tante seriez plus à votre aise.

— Dis à mon père de prendre soin de lui. Je le verrai à mon retour.

— Réfléchis-y, au moins pour ta tante. Et laisse-moi te déposer à l'aéroport.

— J'ai commandé un taxi. »

Xiao Fang attrapa la poignée de sa valise et aida Jia Jia à la tirer jusqu'à la Toyota noire qui attendait devant le portail de la résidence. Elle agita à nouveau ses lunettes de soleil avec un grand sourire, avant de les remettre, et Jia Jia revit soudain son père souriant de toutes ses dents au restaurant shanghaïen.

L'aéroport grouillait de parents et d'enfants qui fuyaient la ville pour les vacances d'été, se bousculant et fonçant dans toutes les directions tel un troupeau pourchassé. Jia Jia dut franchir deux contrôles de sécurité avant d'atteindre le comptoir des enregistrements. Quelqu'un faillit prendre son sac par erreur lors du second contrôle.

« Bon sang, quand arrêteront-ils ces contrôles absurdes ? s'écria un homme derrière elle. Regardez-moi cette femme, elle n'a même pas présenté son sac ! C'est complètement inutile. Et quel besoin de payer cinq personnes pour s'occuper d'une machine à rayons X ! »

Son téléphone sonna : c'était encore Xiao Fang.

« Tu t'es déjà enregistrée ? À quelle heure décolle ton avion ?

— Vers sept heures. Je suis dans la file. Qu'y a-t-il ? »

Elle plongea la main dans son sac pour en extraire sa pièce d'identité. Devant elle, la voyageuse européenne abandonna son sac à dos sur le tapis et s'éloigna du guichet. Jia Jia tendit sa carte d'identité à l'employé de la compagnie.

« Je viens de virer un peu d'argent sur ton compte. Pour le voyage.

— Je te le renvoie dès que j'aurai fini l'enregistrement.
— Garde-le, en cas d'urgence au moins.
— Je ne peux pas.
— Ton père y tient. C'est son argent. Tu n'as pas à te sentir gênée, on veut juste que tu prennes un peu de bon temps. »

L'employé qui se trouvait face à Jia Jia lui tendit sa carte d'embarquement ainsi que sa pièce d'identité. Il dessina un cercle rouge autour de l'heure et de la porte d'embarquement et lui désigna de la main la direction à suivre. Il lui sourit, se rassit et fit signe à la personne suivante d'approcher. « Jia Jia, laisse-nous faire quelque chose pour toi, continua Xiao Fang. Nous n'avons pas réussi à te le dire au moment du décès de ton mari.

— Je n'ai pas besoin de cet argent. »

Au niveau de la sécurité, la queue serpentait à travers le hall.

« Je garde l'argent pour l'instant et je te le rendrai en rentrant », concéda Jia Jia dans l'espoir que Xiao Fang raccroche. Elle fut exaucée, l'autre devait être satisfaite.

Jia Jia fut l'une des dernières passagères à embarquer. Elle avait pris cette habitude avec Chen Hang qui détestait piétiner et préférait de loin être le dernier à scanner son billet. Quelques minutes après s'être glissée sur son siège, elle entendit une voix féminine annoncer le numéro et les détails du vol. Celle-ci répéta ensuite tout son laïus en anglais avant d'abandonner les passagers à leurs conversations dans une douce rumeur.

Des nuages gris flottaient dans le ciel. Les dix à quinze minutes qui précédaient le décollage avaient toujours été pour Jia Jia le moment le plus sentimental quand elle quittait la maison. Chaque fois qu'elle montait dans un avion, elle considérait les bâtiments de l'aéroport et les passerelles avec mélancolie.

L'appareil s'éloigna de la porte pour se diriger vers la piste. Enfin, il s'éleva dans les airs, quittant Beijing à plein gaz, trouant la masse des nuages qui obstruaient la vue sur la ville. Puis, elle eut la sensation fugace que l'avion n'avançait plus. C'est étonnant à quel point les émotions humaines sont liées à ce que l'œil voit, songea Jia Jia. Quand tout ce qui s'offre devant nous se résume à un horizon de vapeur condensée et d'obscurité, on se détache vite du monde d'en-bas, les liens sont rompus. Les autres passagers, sagement assis aux places qu'on leur avait désignées, n'étaient rien de plus que des inconnus qui filaient dans la même direction, pour mieux se séparer à l'arrivée.

L'hôtel était dissimulé dans une ruelle du centre de Lhassa, non loin de la rue Barkhor. Il s'agissait d'un hôtel pour voyageurs d'affaires dont personne n'avait cru bon de penser la décoration : une sorte de vaste boîte à chaussures en béton coiffée d'une espèce de couvercle rouge foncé en guise de toit. Avec une douleur sourde dans les tempes due à l'altitude du plateau tibétain, Jia Jia revêtit une longue robe de lin blanc. Dehors, de petites échoppes proposaient des produits locaux de toutes sortes, des articles électroniques, des cigarettes. Elle déambulait sans but et se mit à suivre deux chiens noirs sur plusieurs pâtés de maisons, jusqu'à la rivière qu'elle avait aperçue plus tôt depuis la voiture. Le chien qui boitait s'arrêta pour boire dans une flaque. L'autre, plus petit, continua à trotter devant. Un peu plus tôt, une averse était tombée ; les buissons bordant les rues étaient trempés et des mares s'étendaient partout sur la chaussée. La rivière suivait son cours solitaire entre ses rives nues où on ne distinguait que du sable et des pierres. Jia Jia déchira deux pages de son carnet à dessin, les déposa sur les cailloux et s'assit dessus, en tailleur.

Elle se mit à dessiner un poisson dans l'eau, bien qu'elle n'en distingue aucun de là où elle se trouvait. Elle les imaginait d'un gris mat, pareils aux poissons de rivière qu'elle avait déjà eu l'occasion d'observer. Ils variaient en taille mais se propulsaient de l'avant en rythme, grâce à leurs queues puissantes, y compris les alevins.

Elle s'appliquait à dessiner des nageoires quand elle entendit derrière elle le fracas d'une chute, puis un homme qui jurait. Elle se retourna et aperçut un type maigrichon et peu gracieux gisant sur le côté, serrant un carnet contre sa poitrine. Une béquille était tombée devant lui. Il portait une chemisette caramel beaucoup trop grande, avec une poche de poitrine, et un pantalon bleu délavé. Elle hésita à lui prêter assistance mais finit par le relever et lui tendre sa béquille.

« Merci, dit-il en époussetant ses vêtements. Ça glisse sacrément pour un handicapé.

— Vous avez l'accent de Beijing. »

Il redressa la tête, surpris, et leva légèrement sa béquille en guise d'approbation.

« Vous êtes aussi de Beijing ? Que faites-vous par ici ?

— Je dessinais.

— C'est toujours bon de croiser quelqu'un du pays. » Il lui tendit la main. « Comment vous appelez-vous ?

— Wu Jia Jia.

— Vous êtes artiste ? Je suis écrivain. Moi, c'est Ren Qi. Montrez-moi vos dessins. » Il se pencha sur son carnet. D'instinct, elle fit un pas en arrière et il rougit, honteux de s'être montré si cavalier sans le vouloir.

Elle lui montra quand même ses esquisses, qu'il étudia avec attention sans faire de commentaire. De près, elle s'aperçut qu'il était beaucoup plus jeune qu'elle ne l'avait cru au départ ; sans doute moins de trente ans.

« Continuez à dessiner ! Je vais m'asseoir ici et attendre l'inspiration, dit-il enfin en s'installant lentement par terre. Merde alors ! C'est mouillé. »

Pendant presque tout l'après-midi, tandis que le soleil décrivait un arc autour d'eux, Jia Jia fit des esquisses de poissons, et Ren Qi demeura contemplatif face à la rivière. Ses yeux n'étaient plus que deux fentes, comme s'il était en pleine méditation, et de l'index, il traçait des idéogrammes chinois sur ses genoux. De temps à autre, il racontait à Jia Jia une anecdote amusante au sujet du pays. Ainsi surnommait-on le Tibet le troisième pôle du monde. On y trouvait le plus grand lac d'eau douce, comment s'appelait-il déjà ? Cela lui échappait. Près de la moitié de la population mondiale dépendait de l'eau du plateau tibétain. Quand on ne connaissait pas le nom d'une fleur, ici, il n'y avait qu'à l'appeler Gesang. Tout le monde savait chanter et danser au Tibet.

« Ma femme est tibétaine. Et je peux vous confirmer que c'est vrai, elle danse et chante magnifiquement.

— Vous êtes guide touristique ? plaisanta-t-elle.

— Wu Jia Jia, je fais beaucoup de recherches pour mes livres. En plus, ma femme, elle, était guide touristique. C'est comme ça qu'on s'est rencontrés. Après, elle a quitté son boulot et m'a suivi à Beijing. » Il regarda dans sa direction. « Comment se portent les poissons ? »

Tel un gamin à son premier rendez-vous, il fit attention, cette fois, à ne pas s'approcher trop près de Jia Jia.

« Vous aimez l'art ? demanda-t-elle en lui tendant son carnet.

— En théorie, oui. Beaucoup, mais seulement en théorie. Aujourd'hui, les artistes sont formatés pour rester de bons petits robots. Pas seulement les artistes peintres, les écrivains, les musiciens aussi. Les athlètes même ! Ils peignent, écrivent, jouent la même chose, encore et encore. Les mêmes oiseaux et montagnes, les mêmes histoires, les mêmes personnages. Wu Jia Jia, nous sommes fondamentalement humains, du coup nos dérogations occasionnelles face à une pratique mécanique se révèlent soit absolument brillantes, soit tout à fait désastreuses. Et nous, nous vivons tous pour ces moments d'éclats. »

Il feuilleta le carnet puis tira une cigarette de derrière son oreille qu'il huma.

« Eh bien, on dirait que j'attire mécaniquement les poissons, dit Jia Jia.

— Vous savez quoi ? Je crois que vous tenez quelque chose, là. Quelque chose qui a du sens. » Il tenait une page entre ses doigts, qu'il faisait osciller d'avant en arrière. Puis il l'arracha.

Jia Jia lui reprit le carnet d'un geste sec.

« C'est le meilleur. Conservez-le dans votre portefeuille. Vous pouvez jeter le reste. Mais celui-là, il dégage une émotion. C'est comme si... » Il leva le dessin dans la lumière du soleil un moment. « C'est comme si son petit ventre contenait tout l'orgueil et toute la solitude du monde. Ça me rappelle ma femme.

— Orgueilleuse et solitaire. Votre femme est ainsi ? »

Il rendit la feuille à Jia Jia.

« Nous le sommes tous, la plupart du temps. Solitaires, en tout cas. »

Jia Jia étudia son esquisse. Toutes ces années passées à dessiner et à peindre ressemblaient à un jeu de squash, à envoyer des balles rebondir contre des murs, dans un espace clos. Personne ne lui avait encore jamais dit que ses travaux étaient chargés d'émotion – ses professeurs déclaraient généralement le contraire – et elle n'était pas vraiment sûre de savoir ce que Ren Qi entendait par là.

« Ma femme a disparu il y a un mois, lâcha Ren Qi. Elle est allée chez le coiffeur, un matin, et elle n'est jamais rentrée. La police n'a pas réussi à la retrouver. Je n'en pouvais plus de rester à la maison toute la journée, alors je suis venu la chercher ici. J'ai pensé qu'elle était peut-être retournée sur les lieux de sa naissance.

— Elle est d'ici, de Lhassa ?

— Non, non. Elle est née dans ce village là-bas. » Il sortit une carte pliée de son carnet, et pointa du doigt un endroit dans le sud-est de la région, sur la route qui menait du Tibet vers le Sichuan. « Je dois y aller dans quelques jours, après avoir rendu visite à certains de ses amis à Lhassa. »

Le village n'était qu'un petit point sur la carte, parmi une constellation d'autres, identiques, représentant les innombrables villages alignés le long de la route. Jia Jia sur le moment envia Ren Qi : il avait un but précis. Il garda la carte en main encore un peu, puis la glissa dans son carnet. Il ne demanda pas à Jia Jia où elle se rendait.

Ils se quittèrent à la tombée de la nuit.

« Ravi de vous avoir rencontrée, madame l'artiste Wu Jia Jia. » Il lui tendit la main, et elle la serra avec fermeté. Sa paume était aussi rugueuse que du gingembre.

Elle regarda sa petite silhouette s'éloigner en boitant vers un pont de pierre qu'il emprunta pour franchir la rivière. Elle l'interpella.

« Est-ce que vous pouvez m'aider ? cria-t-elle. Je cherche un homme-poisson ! »

Il pivota sur sa bonne jambe.

« Bien sûr ! Où peut-on le trouver ? hurla-t-il pour couvrir le bruit des flots.

— Je ne sais pas ! »

Il mit son carnet derrière son oreille pour lui signifier qu'il ne l'entendait pas.

« J'ai dit, je ne sais pas ! Mon mari le savait, lui, mais il est mort !

— Oh, merde ! »

Jia Jia releva le bas de sa robe de lin blanc et partit en courant vers le pont. Il l'attendait au milieu.

« Passez-moi votre téléphone », dit-elle à bout de souffle. Il le sortit de sa poche, elle tapa son numéro, l'enregistra. « Voilà. Faites-moi signe quand vous aurez retrouvé votre femme, ensuite vous viendrez m'aider. Je pars à la recherche de l'homme-poisson. »

Cette nuit-là, la pluie se remit à tomber, imprégnant l'air d'une odeur d'argile. Jia Jia avala quelques comprimés pour son mal de tête et attendit qu'ils fassent effet. Chaque fois qu'elle s'endormait, les battements de son cœur la réveillaient, comme si une minuscule personne était piégée à l'intérieur et cognait contre les parois. Elle étouffait dans cette pièce et décida de sortir marcher, vêtue de sa robe en soie vert émeraude. Elle découvrit un endroit dans la cour de l'hôtel, où plusieurs grands arbres minces poussaient les uns à côté des autres. Elle s'assit sur un gros rocher en dessous. L'averse s'infiltrait à travers le noir parapluie des ramures, pour tomber sur Jia Jia en grosses gouttes froides. Un peu de pluie lui éclaircirait les idées, pensa-t-elle. Le chien à la patte arrière cassée aperçu le matin passa près d'elle et se retourna pour la regarder. Frissonnant dans le froid, elle lui sourit. Il s'approcha, l'air d'avoir pitié d'elle. Il était tout maigre, et lui fit penser à Ren Qi. Elle remarqua qu'il frissonnait lui aussi.

« Allons-y », dit-elle.

Elle se leva et le chien la suivit jusqu'à un endroit abrité par la pente du toit, au pied de l'escalier de l'hôtel. Là, il tourna plusieurs fois sur lui-même et se coucha.

De retour dans sa chambre, elle se déshabilla et se mit au lit. Dehors, la pluie continua de tambouriner sur les carreaux jusqu'au matin. Jia Jia demeura allongée à demie endormie, le cœur battant vite et fort, au rythme de l'averse.

CHAPITRE 12.

Le guide tibétain était un vrai moulin à paroles. Il s'appelait T.S., abréviation d'un nom que Jia Jia avait déjà oublié. Il se rappelait son mari car il n'oubliait jamais un client de Beijing. Il y avait lui-même vécu pendant un an, et il y avait appris ce qu'il appelait le « mandarin authentique », il avait même eu une petite amie là-bas. Bien sûr, il n'avait pas voulu rester à Beijing car il était fier de son pays et voulait y retourner pour promouvoir sa culture. Il aspirait à devenir guide touristique et ses ambitions s'étaient réalisées. Chen Hang était son vingtième client de Beijing, et Jia Jia, la trente-deuxième.

Le voyage de Chen Hang s'était à peu près déroulé comme prévu, se souvenait-il, jusqu'à ce matin où Chen Hang avait décidé d'annuler sa dernière visite.

« On était censés aller au monastère de Lamaling, dit-il en se grattant la tête. Mais votre mari était un peu bizarre ce jour-là. Il avait l'air très en colère quand je l'ai retrouvé à l'hôtel, il m'a hurlé dessus, oui c'est vrai, il a crié : "Oubliez donc ces temples, j'en ai assez vu, des temples, emmenez-moi ailleurs." »

Les deux hommes s'étaient assis dans le hall d'accueil de l'hôtel avec une carte du Tibet, et T.S.

avait proposé à Chen Hang tous les lieux susceptibles de l'intéresser situés à un jour de voiture. Celui-ci avait écouté avec attention en hochant la tête sans piper mot, avant de trancher : « Allons dans votre village. » Le guide lui avait expliqué que celui-ci était bien trop sous-développé, dépourvu d'infrastructures hôtelières et de restaurants : où Chen Han irait-il dormir et manger ? Il avait suggéré qu'il séjourne dans une ville proche, et s'il voulait vraiment voir son village, alors ils feraient l'aller-retour dans la journée.

« Je peux m'installer chez vous, avait répondu Chen Hang. Je suis d'origine très modeste, moi aussi. Je peux dormir n'importe où. »

« Il a donc dormi dans la chambre que je partageais autrefois avec mes frères. Ils sont partis tous les deux après leurs mariages. Votre mari ne fanfaronnait pas quand il m'a dit que l'humble vie de la campagne ne le dérangeait pas. Il a même donné un coup de main dans les champs d'orge ! »

Jia Jia prit alors conscience que son minutieux itinéraire pouvait s'avérer vain. Elle envisagea de se rendre directement dans le village de T.S., mais préféra visiter les temples d'abord et fit particulièrement attention aux détails qui se présentaient à elle en essayant d'en tirer toutes les clés possibles. Au cours des jours suivants, quand elle trouvait des tableaux ou des objets représentant un poisson, elle priait. Mais l'homme-poisson ne lui avait laissé aucun indice.

C'est seulement une fois en chemin vers Nyingchi, alors qu'elle dormait à l'arrière de la voiture, que celui-ci lui apparut en songe. Dans son rêve, elle semblait n'avoir conservé aucun souvenir de ce qui l'avait menée là : le rêve de Chen Hang, sa mort, son dessin, Leo, le déménagement, la peinture murale, le voyage au Tibet, Ren Qi. Elle était seule avec l'homme-poisson dans une pièce blanche infinie, et celui-ci s'éloignait d'elle en nageant dans l'air, la queue pointée vers elle. Ses jambes parvenaient à peine à la porter, elle tremblait, et elle avait beau être assise par terre, elle ne projetait aucune ombre. Perplexe, elle interpella l'homme-poisson, non parce qu'elle voyait en lui le but de sa quête, mais parce que c'était la seule créature visible.

Il dut l'entendre car elle avait crié assez fort.

« Ne m'attendez pas pour dîner, répéta-t-il d'une voix éraillée. Ne m'attendez-pas. Allez-y, commencez. Mais où diable suis-je donc ? »

Tout en parlant, il agitait sa nageoire en l'air, poursuivant sa course de l'avant, sans répondre à l'appel de Jia Jia. Elle se mit à ramper sur ses coudes en traînant ses jambes, tel un soldat blessé, maudissant l'homme-poisson.

« Espèce de connard ! Aide-moi, salopard ! Vous m'avez abandonnée ! Tous ! » vociféra-t-elle.

Elle se réveilla en arrivant à l'hôtel où elle était censée passer les deux nuits suivantes, sans pouvoir se rappeler comment le rêve s'était terminé. Elle s'enferma dans sa chambre tout l'après-midi, elle voulait faire une esquisse au crayon tant que ses souvenirs étaient frais, afin de pouvoir peindre à nouveau l'homme-poisson à son retour à Beijing. Elle se montra aussi méticuleuse que possible en dessinant le corps, plus l'homme-poisson prenait forme, plus elle sentait une bulle d'espoir monter en elle. À chaque coup de crayon, son cœur battait un peu plus fort, ses muscles se tendaient davantage. Quand elle eut achevé le corps, main tremblante d'avoir serré son crayon si fort, elle le posa à côté de celui qu'elle avait trouvé près de la baignoire.

Aucune ressemblance. Devant les deux dessins, l'intense espoir qu'elle éprouvait se transforma en fureur, comme sous l'effet d'une réaction chimique.

Elle sentit qu'elle était arrivée au terme d'une longue route ardue. Que faisait-elle au juste, à dessiner ainsi qu'une enfant, à se bercer d'illusions en imaginant tirer des conclusions d'esquisses sans consistance. Mais que faire d'autre ?

Elle appela la réception et demanda une paire de ciseaux. En attendant, elle sortit un coupe-ongles de son sac et se mit à tailler dans ses dessins. Elle commença par son carnet, déchirant les poissons dessinés à Lhassa, au bord de la rivière, résultats d'une « pratique mécanique », aurait dit Ren Qi. Elle voulait les découper tous ensemble, d'un seul coup, mais la pile était trop épaisse, alors elle les déchira un par un et les jeta dans les toilettes. Ensuite, elle sortit celui qui était rangé dans son portefeuille.

« Celui-là, il dégage une émotion », avait dit Ren Qi.

Une jeune femme vêtue d'une longue jupe noire lui apporta les ciseaux. Elle était encore à la porte quand Jia Jia coupa le dessin en deux, exactement en son centre. Et voilà pour le dessin qui dégageait une émotion ! La partie de la tête tomba par terre, et une expression de malaise, de panique apparut sur le visage de la jeune femme. Elle resta à la porte, pétrifiée, lèvres entrouvertes.

« Je peux vous aider ? » demanda Jia Jia d'une voix qu'elle aurait voulue calme, mais qui se coinça dans sa gorge, comme s'il y avait quelque chose de bloqué. Elle baissa ses manches pour masquer ses mains, enfonça ses ongles dans sa paume, s'éclaircit la gorge et ouvrit la bouche à nouveau.

La jeune femme parla la première. « Pardon, pardon, excusez-moi. » Elle fila, et sa jupe noire se prit dans ses jambes lorsqu'elle tourna à la hâte à l'angle du couloir.

Jia Jia sortit à son tour et s'attarda un moment, pour voir s'il allait se passer quelque chose. Personne ne vint. De retour à son bureau, elle contempla les deux hommes-poissons, celui qu'elle venait de dessiner et l'esquisse originale de Chen Hang. Enfin, elle les posa l'un sur l'autre et les découpa au milieu.

Quelqu'un toqua à la porte restée ouverte. Elle reconnut la voix de T.S.

« Madame Wu, êtes-vous prête pour dîner ? »

Jia Jia se leva. Peut-être que sortir dîner lui ferait du bien. Elle alla à la salle de bains s'attacher les cheveux. Quand elle revint, T.S. se trouvait près du bureau, un doigt pointé vers son croquis.

« Je l'ai déjà vu, ce gars-là ! » dit-il.

Il prit les deux morceaux et les rajusta.

« En fait, ce n'est pas exactement le même, poursuivit-il. Mais il y a une statue dans mon village, un corps de poisson avec une tête humaine. Elle est là depuis longtemps, déjà quand j'étais enfant, sculptée dans un gros tronc près d'une rivière dans la forêt voisine. À ce qu'on raconte, Grand-père, un vieil homme de notre village, y a vu un jour la forme d'un poisson, et il a décidé de le sculpter. Mais comment le connaissez-vous ?

— Chen Hang l'a-t-il vu, lui aussi ? »

Sa crainte s'évanouit, c'était comme si elle n'avait jamais existé. L'impasse n'était qu'un leurre ; elle avait trouvé une autre voie. La sculpture, quelle qu'elle soit, devait avoir un lien avec le rêve de Chen Hang. Il l'avait sûrement vue.

« Très bien. Partons tout de suite. Retrouvez-moi à la voiture dans dix minutes, dit-elle. Allons dans votre village.

— Il me semble que c'est un peu tard, pour aujourd'hui. Il commence déjà à faire sombre, mieux vaut s'en tenir...

— Que savez-vous de l'homme-poisson ?

— Quel homme-poisson ?

— Celui dont vous venez de parler ! L'homme-poisson sculpté dans ce fichu tronc, dans votre village !

— L'homme-poisson ? Oh ! L'homme-poisson ! » Il éclata de rire, renversant la tête en arrière. « Quel beau nom ! Il faudra que je le dise à Grand-père ! On a toujours appelé ça "la sculpture". "L'homme-poisson", ça fait tout de suite plus mythologique. Je vais inventer des histoires au sujet de l'homme-poisson pour les raconter aux gamins du village. Ils vont adorer. »

Jia Jia s'approcha de lui et l'agrippa par les épaules, le secouant de toutes ses forces. Il dut mesurer à quel point elle était désespérée, parce qu'il se tut, sa posture s'adoucit, il se courba, puis sortit rapidement de la chambre pour aller préparer la voiture, sans ajouter un mot.

La lune brillait derrière un voile de nuages. La nuit était humide et une poignée de villageois buvaient et dansaient près d'un grand feu lorsque la Jeep de T.S., après avoir contourné la montagne par la route cahoteuse, arriva au hameau niché au creux des montagnes enneigées. Autour du village, des drapeaux de prière aux couleurs vives étaient attachés à des poteaux plantés en terre et accrochés aux faîtes des maisons.

Un vieil homme vêtu d'une robe brun jaune, aux cheveux gris tressés, vint lentement à leur rencontre. Le guide se gara et l'interpella en tibétain. Le vieillard fit alors comprendre quelque chose à T.S., qui hurla en direction d'une ferme en briques blanches avec un étage, non loin de l'endroit où il s'était garé.

« C'est lui, le vieillard qu'on appelle Grand-père, il ne parle pas, expliqua le guide. C'est vraiment comme un grand-père pour moi. Je crois qu'il est arrivé au village alors que ma mère était encore petite. »

Un instant, Jia Jia vit clairement la tête du vieillard au clair de lune. Il y avait quelque chose de familier dans la manière dont son regard la traversait comme si elle était de verre. Cela n'évoquait pas en elle un chaleureux sentiment de nostalgie, mais plutôt l'impression d'un voisin de longue date auquel elle n'aurait jamais parlé, qui savait tout sur elle et pourtant ne disait rien. Elle croisa son regard et détourna les yeux.

Une femme râblée, d'une bonne cinquantaine d'années, sortit, l'air surprise, et guida le vieil homme vers la maison. En revenant chez elle, elle ne put s'empêcher de se retourner pour regarder Jia Jia.

« Et cette femme, c'est ma mère, ajouta T.S. en guidant sa cliente vers la maison en briques blanches. Personne ne sait vraiment d'où vient Grand-père. Ma mère m'a raconté qu'il est arrivé un jour, mais elle ne se rappelle pas d'où il venait exactement. Elle était encore enfant. Autrefois, nos villages étaient bien plus isolés. Aujourd'hui, depuis la construction des routes, beaucoup plus de voitures passent ici. Ma mère pense que Grand-père est arrivé à l'époque où ils ont commencé à relier les villages les plus importants. Peut-être qu'il était de la région. »

La famille laissa une pièce à Jia Jia. La mère de T.S. lui offrit des restes de chou sauté et d'œufs brouillés, désolée de ne rien pouvoir lui proposer d'autre. Les murs de la maison étaient bleu canard, et sur celui qui jouxtait l'autel consacré aux statues de Bouddha, on avait peint en jaune des cornes tibétaines. Presque tout le mobilier était en bois, couleur acajou – le canapé, les tables, l'autel. La demeure entière sentait le beurre de lait de chèvre et l'encens, odeurs puissantes qu'au fil des années le bois et la brique avaient absorbées.

Jia Jia avait insisté pour que T.S. l'emmène voir sur-le-champ la sculpture au bord de la rivière, mais il se faisait tard et elle ne voulait pas perturber cette réunion de famille tant attendue. Surexcitée dans l'attente du lendemain, elle entrouvrit la fenêtre pour laisser entrer l'air frais après la pluie. Le feu de joie déclinait, seuls quatre hommes en tenue traditionnelle étaient encore assis autour, à boire du vin d'orge. Leurs bottes de cuir étaient boueuses, chacun tenait un chapeau de cow-boy sur ses genoux. Assise sur un coussin brodé face à la fenêtre, Jia Jia essayait de décrypter ce que disait la famille. Grand-père semblait vivre avec eux, ce qu'elle trouva étrange, car jamais sa famille à elle n'aurait accueilli en son sein une personne âgée sans lien de parenté. Mais cela ne la regardait pas. Elle extirpa une cigarette de son sac, la garda coincée entre ses lèvres un moment, puis elle frotta une allumette et l'alluma.

Ren Qi ne l'avait pas appelée. Jia Jia était certaine qu'il tiendrait parole, car il lui avait paru du genre honnête. Peut-être qu'il n'avait pas encore retrouvé sa femme. Il aurait pu au moins le lui dire.

Se remémorant leur conversation, elle releva sa jupe et frotta brutalement la marque en forme de cerf-volant. Il lui arrivait encore de la tripoter ainsi, comme si elle pouvait l'effacer. Son mal de tête cognait encore plus fort dans son crâne, elle ramena doucement ses jambes contre sa poitrine et enroula ses bras autour. Elle observa les hommes lorsqu'ils quittèrent le feu, qu'elle regarda mourir, jusqu'à ce que la douleur se soit engourdie. Rires et bavardages lui arrivaient depuis le salon, elle remonta sur ses jambes la couverture tissée par la mère de T.S., s'appuya contre le mur, et observa le croissant de lune qui peu à peu se dissolvait dans la lumière du jour.

CHAPITRE 13.

La statue de l'homme-poisson n'était pas très grande. Jia Jia aurait très bien pu passer à côté sans la voir si elle était partie seule à sa recherche. Verticale, arrivant à hauteur du genou, elle était posée sur le plus gros rocher près de la rivière, sculptée avec soin dans un tronc d'arbre mort, comme un bonhomme-bâton. Ce n'était pas à proprement parler ce qu'on appelle une sculpture. En vérité, ce n'était ni un homme ni un poisson, et si le guide ne la lui avait pas désignée, elle ne l'aurait sans doute pas reconnue. Quelqu'un avait noué une corde rouge à la hauteur du cou.

« Elle est là depuis l'époque où ma mère avait mon âge, dit T.S. Je n'arrive pas à croire qu'elle y soit encore. Qu'est-ce qu'elle a de si spécial ?

— Mon mari est-il venu là lui aussi ?

— Pas à ma connaissance, mais c'est possible. »

Jia Jia s'accroupit devant la statue et passa les doigts sur ses yeux, trous ovales où étaient insérés de petits galets. Aucune branche n'avait jailli de ce segment de tronc. Le grain du bois donnait l'impression que la créature était toute ridée, corps et visage, aussi paraissait-elle bien plus vieille que Jia Jia ne l'avait imaginé. Elle essaya de la faire bouger, mais celle-ci resta obstinément fixée sur son rocher. Sur le côté vierge était gravé le numéro 1.

Jia Jia se leva, elle avait besoin de s'éclaircir les idées. Sur le chemin du village, T.S. lui proposa de venir travailler dans les champs d'orge, pour « faire l'expérience de la vie de la ferme au moins une fois. » Et c'est ce qu'elle fit le reste de la journée, plus pour rester ancrée dans la réalité qu'autre chose, pour sentir la terre entre ses mains et le sol sous ses pieds.

Des yaks se promenaient en liberté à travers le village, se nourrissant d'herbe et du contenu des poubelles dans les rues. Jia Jia noua un foulard autour de sa tête pour se protéger du soleil tandis que T.S. lui apprenait à désherber. Jamais elle n'avait fait de jardinage.

« Faites toujours bien attention d'arracher aussi les racines », ne cessait-il de lui dire. Quand il fut certain qu'elle avait bien identifié les pousses de qingke, il la laissa s'occuper seule d'une portion de champ.

Elle travaillait avec lenteur, essayant de faire exactement comme T.S. lui avait montré, ses bras nus brûlant au soleil. De temps en temps, quand elle se redressait pour s'étirer, elle regardait en direction de la route. Quand elle et T.S. étaient arrivés la veille, Grand-père devait être assis à la maison et il les avait vus arriver de loin. Et si elle l'interrogeait à propos de la sculpture ? Sachant que le vieillard n'aimait pas parler, serait-il impoli de lui poser la question ?

À la tombée de la nuit, Jia Jia dîna avec la famille de T.S. Grand-père, le plus âgé, s'assit le premier, suivi de la mère de T.S., puis en dernier de T.S. et enfin de Jia Jia. La mère avait préparé des pommes de terre et des légumes sautés. Elle apprit à Jia Jia à manger la tsampa. Elle avait déjà mélangé la farine d'orge avec du thé au beurre, et elle expliqua à Jia

Jia comment prendre la pâte obtenue pour en faire des boules.

« Il faut boire du thé au beurre pour faire passer tout ça, sinon c'est difficile à avaler », dit la mère avec son accent prononcé.

Jia Jia ne mangea pas beaucoup ; les goûts étaient trop forts pour elle. Pendant le repas, elle observa Grand-père. Il ne souriait pas, se contentait de mastiquer sa nourriture en sirotant bruyamment le thé que la mère de T.S. ne cessait de lui servir.

« Tu n'as pas l'habitude de la nourriture tibétaine, dit la mère à Jia Jia en souriant.

— C'est la première fois que je viens ici, expliqua-t-elle.

— Mon fils m'a dit que Chen Hang est ton mari. Je me souviens de lui. Il aimait bien notre cuisine.

— Oui, j'imagine ». Jia Jia marqua une pause, prit sa tasse de thé et la garda au creux de sa main, dans l'espoir que la mère ne lui en demanderait pas plus au sujet de son mari. « Il y a une question que je voudrais poser à Grand-père. Je sais qu'il ne parle pas beaucoup, mais j'aimerais quand même lui demander. »

La mère de T.S. regarda son fils, puis Grand-père. Le vieillard hocha la tête et prit le bol de pâte.

« L'homme-poisson sculpté sur le tronc. J'aimerais en savoir plus », dit Jia Jia en le regardant. Le vieil homme contempla un moment la boule de pâte dans sa main, Jia Jia se demanda s'il allait répondre.

« Il ne parle pas de ce tronc, finit par dire la mère de T.S. en rompant le silence.

— En fait, il ne dit jamais rien, ajouta T.S. Si j'étais vous, je renoncerais. »

Jia Jia comprit que la mère et Grand-père savaient tous les deux quelque chose, mais ni l'un ni l'autre ne voulait le lui dire. Le vieillard but son thé sans se préoccuper de Jia Jia, qui ne le perdait pas des yeux. T.S. la regarda à son tour, l'air de dire : « Je vous avais prévenue », et elle sut qu'elle ne pouvait plus poser de questions, en tout cas pas ce soir-là.

Après le dîner, le village sombra dans une nuit de sommeil. Les fenêtres s'obscurcirent l'une après l'autre, jusqu'à ce que Jia Jia ne distingue plus que la lune et les constellations. Elle ne parvenait pas à dormir, son esprit travaillait sans relâche et les coups de soleil sur ses bras la brûlaient. Elle enfila une veste, prit son téléphone en guise de lampe, et sortit. Le chemin jusqu'à la rivière était facile à suivre : grimper la colline, longer les champs, puis cinq minutes de marche vers cette montagne en forme de cochon. Elle entendit les bruits des créatures de la nuit sans parvenir à les identifier, et songea à rebrousser chemin.

Après tout ce qui s'était passé, Jia Jia n'aurait pas été surprise de découvrir que le tronc avait bougé tout seul. Elle enroula ses bras autour de lui et tenta à nouveau de le déplacer, mais il était trop lourd. Alors, elle appuya doucement son front contre lui, sentant le bois humide et froid sur sa peau. Ainsi seule, elle eut soudain l'impression qu'elle connaissait l'homme-poisson depuis longtemps. Toujours contre la statue, elle écouta le clapotis des flots, attendant quelque chose. Un signe, peut-être. Mais tout autour d'elle était en mouvement – l'eau, les arbres, les insectes – sauf le tronc. Celui-ci demeurait immobile et silencieux. Elle ne savait plus depuis combien de temps elle était là.

Elle finit par revenir sur ses pas et aperçut la silhouette d'un homme qui avançait gauchement sur la route boueuse. La panique la saisit : elle aurait dû apporter un couteau. L'homme se tourna vers elle : il avait dû l'entendre approcher. Elle braqua la lampe de son portable vers lui, dans l'espoir qu'il s'agisse simplement de T.S., parti à sa recherche.

Mais ce n'était pas lui. L'homme avait une béquille sous le bras.

« Ren Qi ? » fit-elle à voix basse.

Il mit la main devant ses yeux en disant : « Pouvez-vous éteindre cette maudite lumière ? »

Elle éteignit la lampe et se précipita vers lui. « C'est moi ! »

Il lui fallut un moment pour la reconnaître, et il s'écria : « Wu Jia Jia ! »

Elle lui couvrit la bouche de sa main : « Chut ! murmura-t-elle. Vous voulez réveiller tout le village ? Comment m'avez-vous trouvée ? J'attendais votre appel.

— Je cherchais ma femme. Je ne m'attendais à vous trouver vous à la place ! » Il éclata de rire et lui tapa dans le dos.

« Vous cherchez votre femme ici au beau milieu de la nuit ? dit-elle en riant à son tour et en lui prenant le bras. Venez, j'ai quelque chose à vous montrer.

— Oh ! Vous l'avez trouvé !

— Chut ! Vous parlez trop fort à nouveau. »

Ren Qi partit à la suite de Jia Jia, jurant de temps à autre lorsqu'il trébuchait sur le sol inégal, oubliant de chuchoter.

Il désigna une plante en disant : « On dirait du cannabis !

— Je vous attends si vous voulez en cueillir », rétorqua-t-elle avec un sourire.

Jia Jia ne put voir son expression quand elle lui présenta la sculpture de bois, mais elle imagina qu'il devait juger ridicule son obsession pour cet homme-poisson. Il demeura immobile comme une pierre, lui tournant le dos, et le contempla longtemps. En se rapprochant, elle vit qu'elle s'était trompée. Dans son expression, aucune trace de moquerie, ni de mystère. Il regardait la statue sans y prêter attention, à croire qu'il avançait sur une route très fréquentée, et que l'homme-poisson n'était qu'un visage ordinaire parmi d'autres. Elle en demandait trop, un inconnu ne pouvait s'intéresser à une pauvre sculpture de bois.

« Mon mari s'appelait Chen Hang, dit-elle doucement. Sa mort a été très inattendue. Bizarre, même. La tête en bas, dans la baignoire de notre appartement. »

Elle émit un petit ricanement et se méprisa de paraître si légère. Elle grimpa sur le rocher et s'accroupit, montrant à Ren Qi dans quelle position elle avait découvert Chen Hang. Consciente soudain de son ridicule, elle se redressa aussitôt et lui tendit la main pour qu'il grimpe auprès d'elle. Ils demeurèrent assis, de part et d'autre de l'homme-poisson.

« Il a fait ce dessin avant de mourir, dit-elle. Le voilà. Une créature vue dans un rêve qu'il avait fait ici, dans ce village. Un homme-poisson. Il a le visage d'un homme, avec un large front. Si large que lorsqu'on le regarde, il est difficile de se concentrer sur les autres traits du visage. Pourtant mon mari l'a dessiné entièrement, même les rides de ses lèvres. À partir du cou, c'est un poisson. Mais cette partie du corps est moins détaillée.

— Un corps de poisson, une tête d'homme », dit Ren Qi, dessinant du doigt d'invisibles caractères à la surface du rocher. « Il a un grand front.

— Je n'étais pas là quand il l'a dessiné. Chaque fois que je pense à Chen Hang, je le vois avec le stylo d'un hôtel, dessinant l'homme-poisson. Je n'étais même pas là, pourtant voilà le souvenir qui me vient. Bizarre, non ?

— En effet, c'est très bizarre. » Il sortit une cigarette.

« Je peux vous en demander une ? » dit Jia Jia, et elle se mit à regarder dans son paquet, en choisissant celle qui lui faisait le plus envie. Elle alluma la sienne en premier, puis lui présenta la flamme. Après un mouvement d'hésitation, il finit par prendre une profonde inspiration, secoua la tête, coinça la cigarette entre ses lèvres et se tourna vers la flamme.

« J'ai essayé de reproduire cette esquisse à la fois à la peinture à l'huile et au crayon, reprit-elle. Mais aucun de mes hommes-poissons, jusqu'ici, n'avait de visage. Je n'arrive pas à le recréer. »

Ren Qi soupira et ils écoutèrent ensemble le clapotis de la rivière, jusqu'à ce que Jia Jia reprenne la parole :

« Vous dites que vous êtes venu chercher votre femme ici, que voulez-vous dire ? »

Il prit sa cigarette entre ses doigts. « C'est ici chez elle. J'espérais qu'elle y serait revenue. »

Jia Jia se souvint de ce point sur la carte, à Lhassa. Il ne lui avait pas dit le nom du village, pourtant cela ne la surprenait pas que ce soit celui-ci. Il lui paraissait naturel que Ren Qi soit là, qu'ils se retrouvent ensemble, tous les deux à la recherche de quelque chose.

« Demain, nous demanderons à la famille qui m'héberge. Si votre femme est d'ici, ils devraient la connaître.

— J'ai un pressentiment. Je sens au plus profond de moi qu'elle n'est pas là en ce moment. Je ne sais pas pourquoi, cet endroit me paraît tellement étranger. » Ren Qi toucha le tronc. « Et si froid.

— Nous verrons demain matin », répondit Jia Jia en souriant. Mais Ren Qi regardait droit devant lui.

« Vous savez, vous avez du talent. Vous êtes douée, je le pense vraiment. Je vous ai vue dessiner. Alors qu'est-ce qui pourrait vous empêcher de faire le portrait de ce gars-là ? Réfléchissez-y. Peut-être que ce n'est pas à vous de le peindre. »

Jia Jia alluma le briquet, et contempla la flamme. « À bien y réfléchir, j'ai toujours été fascinée par ce qui est lié à l'eau, mais chaque fois que j'ai essayé de la peindre, ça a été une catastrophe. Peut-être qu'avec toutes ces tentatives pour représenter l'homme-poisson, je me mets en position d'échec.

— Faux. » Ren Qi lui prit son briquet, et posa les mains sur les épaules de Jia Jia pour qu'elle se tourne vers lui. « Ce que je veux dire, c'est que vous devez peut-être chercher un nouveau visage pour votre tableau », dit-il en pointant le doigt vers son nez à elle, puis vers un endroit du rocher, au hasard.

Ils étaient silencieux de nouveau, Jia Jia laissa ses pensées flotter, sentant encore les mains de Ren Qi sur ses épaules.

« Qu'est-ce que vous passez votre temps à écrire avec vos doigts ? demanda-t-elle.

— Oh je ne sais pas trop, c'est machinal, sûrement comme vous, quand vous faites ce geste, avec ce briquet que vous avez toujours à la main. » Il referma le poing et son pouce se mit à tapoter ses autres doigts.

« Je fais ça souvent ?

— Oui. Assez. » Il se mit à rire. « Même sans le briquet. Un petit remontant ? » dit-il en sortant une bouteille de vin d'orge de son sac à dos.

Ils burent tour à tour à la bouteille. L'alcool brûlant coula dans l'estomac de Jia Jia, lui donnant la sensation d'être vivante.

« J'imagine que c'est la boisson des dieux, dit Ren Qi. Il y a là une sorte de pureté. Vous ne trouvez pas ? »

Elle éclata de rire.

« Je suis sérieux.

— Pour moi, c'est plutôt la boisson des enfers. Aigre et pourrie, si vous voulez mon avis.

— Mais vous êtes d'accord qu'on dirait qu'elle vient d'une autre dimension ? »

Lorsqu'ils revinrent vers le village, Grand-père faisait les cent pas sur un petit terrain vague, un long bâton entre les mains. En s'approchant, Jia Jia et Ren Qi virent qu'il creusait des trous pour y planter des choses.

« Il est presque deux heures du matin. Que peut-il bien planter ? murmura-t-elle.

— Il est vieux, il doit être insomniaque. »

Ren Qi était décidément incapable de parler à voix basse. Grand-père se tourna vers eux et leur fit signe d'approcher. Ne voulant pas contrarier le vieil homme, Jia Jia s'avança vers lui, un peu hébétée, en prenant soin de ne pas piétiner ce qu'il venait de planter. Ren Qi la suivit, traînant sa jambe cassée. Grand-père tendit à Jia Jia son bâton et lui fit signe de l'imiter. Elle se sentit obligée de s'exécuter et commença à creuser jusqu'à ce que le trou atteigne la profondeur d'une main. Grand-père secoua la tête pour lui signifier que ce n'était pas assez. Aussi continua-t-elle, encouragée par Ren Qi, jusqu'au moment où le vieil homme l'arrêta en retirant sa main. Il sortit alors quelque chose de sa poche et lui indiqua de l'enterrer.

C'était un bulbe. Quand elle l'eut recouvert de terre, Grand-père poussa Ren Qi à faire de même.

« Non, non. Je ne suis pas un jardinier dans l'âme », expliqua-t-il en bâillant, comme si l'autorité naturelle du vieillard n'avait aucune prise sur lui. Ce dernier fronça les sourcils et commença à creuser le trou suivant.

Ren Qi n'avait trouvé nulle part où loger au village, aussi Jia Jia lui proposa-t-elle de dormir dans sa chambre, avec la permission de Grand-père. Il sortit une couverture de son sac à dos, l'étala sur trois coussins et se nicha ainsi à l'autre bout de la pièce.

« Les pires journées offrent les meilleurs souvenirs, marmonna-t-il. C'est ma femme qui me l'a appris. »

Sa respiration se fit plus profonde et régulière. Jia Jia, quant à elle, s'était allongée sur le côté, les doigts délicatement posés sur sa tache de naissance.

Elle se réveilla dans des eaux sombres et glaciales. Elle connaissait bien ces eaux ; ce froid mordant, trop réel. D'instinct, elle chercha le poisson d'argent qui scintillait, pareil à l'étoile polaire. En battant des jambes, elle propulsa son corps vers le haut. Quelque chose apparut au loin ; le poisson avait beaucoup grossi. Elle changea de direction pour le suivre, battant plus fort des jambes, luttant contre le froid vif, chaque respiration aussi douloureuse que si c'était la dernière.

Mais la créature nageait d'une manière différente : elle agitait sa queue plus vite. Elle lui évoquait davantage l'homme-poisson de ses rêves. À présent, elle donnait la main à quelqu'un. Cette main était chaude, on aurait dit la main de Chen Hang, forte et potelée.

« Continue, Chen Hang », dit-elle dans sa tête, concentrée sur la créature, de crainte qu'elle ne disparaisse si elle la lâchait des yeux. Non, cette fois elle ne la laisserait pas s'échapper.

Pourtant, elle disparut. Et lui tenant la main, agenouillé près d'elle sur le plancher de la ferme, le visage baigné de clair de lune, elle reconnut Ren Qi et sa main fraîche et rêche comme le gingembre.

CHAPITRE 14

« Regarde », dit Ren Qi en désignant la fenêtre de son long menton carré.

Jia Jia jeta un coup d'œil à l'extérieur. Il faisait encore sombre, mais elle distinguait les silhouettes d'une bonne douzaine de personnes rassemblées devant la maison.

« Enfile une veste et allons voir. »

Ren Qi attrapa sa béquille, ouvrit la porte et descendit l'étroit escalier en clopinant.

Jia Jia éprouva la solidité du plancher sous elle, le poids de l'air du plateau tibétain, la vivacité de ses cellules, le sang qui coulait dans ses veines. L'eau, qu'était-elle devenue ? La créature avait disparu elle aussi. Ren Qi l'avait-il vue ? À présent, il se passait quelque chose dehors, dans un environnement d'air et de terre, où l'eau avait des frontières.

Quoi que ce soit, cela devait être important. Même les voisins étaient debout. La femme de Ren Qi était-elle revenue ? Il avait rejoint les autres avec une telle hâte. Ce serait une merveilleuse nouvelle, une chose dont on pourrait se réjouir. Mais Jia Jia avait mal partout, comme si ses tendons étaient au bord de la rupture. Elle ne pouvait se lever pour aller serrer la main de l'épouse, féliciter le couple d'être réuni. Elle se rallongea, posa le bras sur son front, et attendit que la nuit se retire dans le calme.

Mais déjà des gens gravissaient l'escalier d'un pas lourd. Ren Qi poussa la porte avec sa béquille.

« Tu t'es rendormie ? » Sa voix rauque explosa dans la pièce.

« Qu'y a-t-il ? » demanda-t-elle.

Sans bouger, elle attendait qu'il lui annonce le retour de sa bien-aimée, le triomphe de sa quête laborieuse. Elle attendait une déclaration : il ne pouvait plus l'accompagner dans ses recherches personnelles, il lui souhaitait bonne chance pour la suite, il tirerait les leçons de son aventure et vivrait désormais dans la gratitude de ce moment.

Au lieu de cela, il lui apprit : « Le vieil homme est parti. »

Elle se retourna vers lui.

« Lève-toi. » Il fouilla dans le sac de Jia Jia et en sortit un coupe-vent qu'il lui lança. « Dépêche-toi. »

Elle ne savait pas s'il parlait de Grand-père ou d'un d'autre, ni s'il voulait dire qu'il avait quitté la maison ou qu'il était mort durant la nuit. L'idée que l'épouse ait choisi de rester introuvable donna à Jia Jia l'énergie de se lever. Une minute plus tôt, elle imaginait encore qu'il l'abandonnait.

Ren Qi l'attendit à la porte, désignant impatiemment de la tête la chambre où Grand-père dormait habituellement avec les enfants. Les autres étaient tout proches, ils discutaient en tibétain.

Jia Jia le rejoignit, ils traversèrent la grande pièce familiale et la cuisine, le couloir, puis débouchèrent de l'autre côté. T.S. les aperçut le premier.

« Nous avons fait trop de bruit ? » demanda-t-il, en jetant un regard confus vers Ren Qi.

« Je vous présente mon ami, Ren Qi, expliqua Jia Jia. Il est arrivé tard la nuit dernière, Grand-père l'a autorisé à dormir dans ma chambre.

— Vous avez vu Grand-père ? Il a disparu. » T.S. avait le nez rouge et les yeux humides.

« Oui, dehors, il y a deux ou trois heures de cela. Il n'est pas rentré ? l'interrogea Jia Jia.

— C'est bizarre. Ma mère s'est réveillée et il n'y avait aucun bruit. Elle s'est dit, ce n'est pas normal, d'habitude on entend les chiens, ou le vent, ou les hommes qui ronflent. Ce n'est jamais aussi silencieux. » Alors elle a inspecté la maison, et c'est là qu'elle s'est aperçue que le lit de Grand-père était vide. Les enfants étaient bien là, ils dormaient, mais Grand-père était parti, et personne ne l'avait entendu. On a fouillé tout le village. »

T.S. planta ses mains sur ses hanches et balaya du regard la pièce familiale, comme si soudain Grand-père pouvait réapparaître dans un nuage de fumée. Ren Qi s'était absenté, quand il revint, il serrait quelque chose dans sa main.

« Regardez-moi ça ! »

Ses doigts s'écartèrent, révélant une figurine de bois de la taille d'une tasse à thé représentant l'homme-poisson. À l'arrière, on avait gravé le chiffre 9.

« Il y en a toute une étagère. »

Jia Jia se fraya un chemin jusqu'à la chambre, Ren Qi boitillant derrière elle. Sur le rebord de la fenêtre, près du lit de Grand-père, il y avait en effet toute une collection d'hommes-poissons, certains sculptés dans le bois, d'autres dans la pierre. La faible lumière de l'ampoule nue suspendue au plafond jetait sur les figurines un éclat orange. Dans l'ombre, à côté des statuettes, une pile de photos. Celle du dessus montrait un petit garçon posant avec un sweat-shirt

Mickey Mouse près d'un âne. Elle avait été prise à l'entrée du village.

« On dirait moi quand j'étais petit, déclara Ren Qi. En un peu plus joufflu. »

Jia Jia saisit le paquet et se mit à étudier les clichés.

« C'est Grand-père qui les a faites, dit la mère de T.S. derrière elle. Il a sauvé un voyageur des griffes d'un loup, un jour, et le voyageur lui a offert un appareil photo. Depuis ce jour, Grand-père s'est mis à photographier tous les gens qui passaient par le village. Cet appareil, c'est son trésor. Et il ne l'a même pas emporté. »

Le frère de T.S. apparut à son tour, hors d'haleine, et déclara quelque chose en tibétain.

« Il n'a pas trouvé Grand-père dans les montagnes, traduisit la mère en secouant la tête. On va appeler la police. J'espère seulement que les loups ne l'ont pas dévoré. » Sa voix tremblait.

Il y avait des photos de toutes tailles, beaucoup étaient tachées. Jia Jia voyait que certaines dataient de plusieurs décennies, une époque où le village comme les voyageurs étaient plus pauvres. Sur les plus récentes, la plupart posaient à côté de leurs voitures, tandis que les plus audacieux s'adonnaient au VTT. Elle parcourut cette galerie de sourires enthousiastes, d'étreintes ferventes, de touristes aux pouces levés, jusqu'à un cliché plus ordinaire. On y voyait la moitié d'une moto à trois roues vert kaki, des monceaux de boue sur une route, un chien noir flou, et un couple qui s'éloignait dans la direction opposée. En bas, dans le coin droit, était écrite la date en rouge : *19 06 87*.

À la différence des autres clichés, sur lesquels les sujets posaient face caméra, celui-ci avait tout l'air d'être raté : un moment trop insignifiant pour être capturé. Sans doute était-ce pour cette raison qu'il captivait Jia Jia plus que les autres. La femme portait un cardigan rouge, l'homme tenait d'une main une veste beige et de l'autre le coude de la femme, pour s'assurer qu'elle ne tombe pas.

« Je me souviens de ce couple, dit la mère de T.S. en plissant les yeux. La femme était enceinte, je crois qu'ils étaient de Beijing, ou alors de Tianjin. De quelque part au nord. Ils sont restés un certain temps et sont devenus amis avec Grand-père. »

La mère de T.S. s'assit sur le lit avec précaution et invita Jia Jia et Ren Qi à s'installer à côté d'elle. Comme elle s'était réveillée au beau milieu de la nuit, elle n'avait pas revêtu sa robe tibétaine et ses cheveux n'étaient pas tressés, simplement attachés en queue-de-cheval. Elle portait un pantalon de sport bleu et un sweat-shirt blanc, mais elle avait toujours son chapelet autour du poignet. Les voisins semblaient être tous rentrés chez eux et la pièce était désormais plus tranquille. T.S. et son frère étaient sortis eux aussi, peut-être pour appeler la police.

La mère de T.S. prit une figurine de l'homme-poisson.

« Vous vous posez des questions sur la créature ? Quand j'étais jeune, dit-elle, Grand-père me racontait qu'elle était le guide d'un monde où l'air est remplacé par de l'eau, et la lumière par les ténèbres. Il appelait ça le monde de l'eau. Il disait que dans ce monde, il n'y avait pas de limites. Il était complètement obsédé et il en parlait à tout le monde, surtout aux rares voyageurs qui s'arrêtaient chez nous sur le chemin de Lhassa. Il leur racontait qu'il essayait d'accéder au monde de l'eau. Vous voulez du thé au beurre ? »

Un monde sans limites, répéta Jia Jia pour elle-même.

« Je ne me suis jamais habitué au goût du thé au beurre. Même en étant marié à une Tibétaine », dit Ren Qi.

La mère de T.S. continua, ses doigts égrénant son chapelet couleur de riz.

« Le couple sur la photo, c'étaient des gens bien. Gentils. Grand-père passait beaucoup de temps avec eux. C'est la femme qui lui a appris à faire ces petites statuettes. Après leur départ, Grand-père a complètement cessé de parler. Il a continué à fabriquer ces petites sculptures, vous voyez, il les a même numérotées. La grosse, au bord de la rivière, c'est lui aussi qui l'a faite. C'était la première. Il a arrêté de mentionner le monde de l'eau, mais depuis toutes ces années, il essaie de se rendre là-bas. Je le sais parce qu'il n'a jamais cessé de planter ses tulipes.

— Des tulipes ? releva Ren Qi.

— Nous l'avons vu en planter avant d'aller nous coucher, ajouta Jia Jia.

— Elles ne fleurissent jamais, c'est pour ça que vous n'en avez pas vu, expliqua la mère de T.S. Mais le vieux est têtu, il en plante en toute saison. Même en hiver. D'après Grand-père, le poisson-guide prend les tulipes, et en échange il vous emmène dans le monde de l'eau. Depuis que Grand-père est arrivé dans notre village, chaque année, il plante des tulipes. Peut-être a-t-il enfin rejoint ce monde. Pourtant j'ai vérifié : les fleurs n'ont pas poussé. »

Le silence s'installa. Pendant un moment, ils n'entendirent plus que les chiens qui aboyaient au-dehors, proches et lointains.

« On pourrait croire que les personnes âgées ont toujours été comme ça, hein ? continua-t-elle. À faire ce qu'elles font, sculpter des figurines, planter des tulipes. Mais en réalité, ça ne fait pas si longtemps. Et pourtant on a l'impression que c'est ainsi depuis la nuit des temps. »

Elle inspira profondément, et attendit avant d'expirer. Penchée en arrière, ses mèches derrière les oreilles, elle laissa son regard se perdre à l'horizon, semblable à une employée de bureau rentrant chez elle en métro. Puis elle afficha un sourire fugace qui disparut aussi vite qu'il était apparu. Enfin, elle se leva, volontaire. Ren Qi et Jia Jia lui emboîtèrent le pas.

« Ce sont des histoires à dormir debout, admit-elle en se dirigeant vers la porte. Mais je suis contente de vous avoir tout raconté.

— Puis-je garder la photo ? demanda Jia Jia.

— Je suis sûre que Grand-père n'y verrait pas d'inconvénient », répondit-elle avant de redescendre l'escalier.

CHAPITRE 15.

De retour dans la chambre, Jia Jia ouvrit tendrement sa main autour de la photo, elle s'agenouilla sur le plancher, face à la fenêtre. Les montagnes étaient pareilles à des bêtes endormies, blotties les unes contre les autres. À cette heure, la vallée commençait à former l'ombre d'une mangeoire autour de laquelle se rassemblaient ces bêtes. C'était comme si jamais le jour n'allait se mettre en mouvement.

« Wu Jia Jia, pourquoi penses-tu que tu as atterri ici ? »

Elle frotta ses pieds nus et glacés.

« J'y suis allée, dans le monde de l'eau », dit-elle.

Ren Qi s'installa par terre à côté d'elle avec fracas.

« Alors il existe ?

— Je crois que j'y suis allée. Mais je ne sais pas par quel moyen.

— Pourquoi continues-tu à chercher l'homme-poisson ? dit-il en croisant les jambes. Si tu es allée dans le monde de l'eau, tu as dû le voir.

— Je ne l'ai pas vu. J'étais seulement dans l'eau. Mais chaque fois, j'ai eu peur de rester coincée là-bas. C'est comme si l'eau l'avait deviné, et qu'elle m'avait recrachée. »

Ren Qi réfléchit un moment. Il ouvrit la bouche plusieurs fois, comme s'il voulait dire quelque chose, mais il changea d'avis, et finit par prendre une cigarette dans sa poche de poitrine.

Après quelques bouffées impatientes, il déclara : « Tu sais, pendant que cette femme parlait, je n'ai pu m'empêcher de penser que mon épouse se trouve dans ce monde. »

Jia Jia lui prit sa cigarette et tira une bouffée.

« Pourquoi serait-elle là-bas ?

— Elle a disparu depuis plus d'un mois, déjà. »

Il s'essuya le front de la main et lui demanda la photo pour mieux l'examiner.

« Elle est vraiment pourrie, cette photo. » Il l'essuya comme s'il y avait de la poussière dessus puis la rendit à Jia Jia.

« Tu ne sais pas pourquoi ta femme a disparu, alors tu en conclus qu'elle est dans le monde de l'eau. En fait, c'est parce que tu ne comprends pas. On essaie toujours d'expliquer les choses qu'on ne comprend pas par d'autres choses qu'on ne comprend pas.

— Wu Jia Jia, rien n'arrive par hasard. Tu crois au destin ? »

Elle ne répondit pas.

« Moi oui, poursuivit Ren Qi. Je crois que c'est le destin qui nous a réunis ici, Wu Jia Jia. Si j'ai découvert l'existence du monde de l'eau, il doit y avoir une raison. Je vais rester au village, dénicher l'homme-poisson, planter des tulipes s'il le faut, localiser le monde de l'eau et retrouver ma femme. »

Il rayonnait, tel un enfant qui croit avoir retrouvé le chemin de la maison. Ses dents étaient jaunies, ses yeux semblables à de la laque noire. Jia Jia percevait son chagrin. C'était le genre de tourment auquel la personne en peine n'est pas encore accoutumée, qui induit plus d'espoir que de résignation, et laisse des cicatrices plus profondes. Il était si jeune encore.

« Toutes ces incertitudes à propos de ta femme, ça doit être difficile à vivre.

— La douleur, c'est la douleur, dit-il calmement. Elle peut avoir des causes différentes, mais au bout du compte, on ressent tous la même chose. Ces souvenirs vous collent à la peau, pareils à cette odeur de tabac sur les doigts, qu'aucun savon ne peut faire disparaître. » Après quelques secondes de silence, il reprit : « Parle-moi du monde de l'eau. »

Jia Jia réfléchit. C'était comme s'il lui avait posé une question très intime, qu'il lui avait demandé d'ôter ses vêtements et d'écarter les jambes. Pour lui dire ce qu'il souhaitait entendre, si elle parvenait à mettre en mots son expérience, elle allait devoir briser sa coquille, comme un œuf, et laisser le liquide se déverser, sans rien garder pour elle. Elle ne pouvait le lui refuser, elle ne pouvait plus se cacher cette fois. Sa coquille avait commencé à se fissurer à l'instant où elle avait senti sa main enveloppée dans la sienne, tandis qu'elle nageait dans les eaux noires et froides. Elle chercha les mots et commença à raconter.

« Tout ce que je peux te dire, fit-elle avec prudence, c'est que dans le monde de l'eau, si c'est bien là que je me trouvais, il n'y a personne. Dans ce monde, on se décompose. Notre corps, nos émotions, nos perceptions, nos pensées sont des éléments disparates, pareils aux pages arrachées d'un livre. Il y a le poisson, le poisson d'argent, et c'est tout. Autour, le noir. Pas trace d'un seul être humain. On n'est plus humain. Alors je peux t'assurer que ta femme n'est pas là-bas. Et même si elle y est, tu ne la verras pas. Pas de la manière dont tu es habitué à la voir. Elle ne te cherchera pas non plus. C'est un endroit terriblement vide, mais aussi plein à craquer. Tu comprends ? »

Elle le sonda du regard.

« Ça paraît effrayant.

— Ça l'est, au début. Ensuite, on oublie sa peur, à la place, on a froid. De la glace qui ne fond jamais. Je ne parle pas du froid physique, non, mais de la sensation qu'on va rester ainsi pour toujours, que plus jamais rien ne changera. Tu vois ? »

Ren Qi tripotait le lobe de son oreille.

« Je croyais que ma femme serait toujours avec moi. Comme ce personnage de mon roman dont je suis tombé amoureux. Je croyais que nous resterions toujours les mêmes, dans le même petit appartement, à manger le même porridge au petit déjeuner, à batailler avec la même douche, toujours trop chaude ou trop froide. Mais, elle s'est volatilisée, comme du pollen dans les airs. Plus rien n'est comme avant. Alors, pour répondre à ta question, non, je ne pense pas savoir ce qu'on ressent. »

Jia Jia acquiesça doucement. Le ciel était de plus en plus pâle, mais le soleil n'était toujours pas en vue.

« Au diable tout ça. Je compte bien la retrouver. Et toi, Wu Jia Jia, qu'est-ce que tu vas faire ?

— Je vais partir, dit-elle surprise d'être arrivée aussi vite à cette décision. Je doute de trouver plus de réponses ici. »

Elle jeta un coup d'œil sur le monde qui s'éveillait dehors, méditant sur le fait que rien n'avait pu empêcher Grand-père de disparaître. Les loups continuaient de chasser, les fourmis de construire leurs fourmilières, les oiseaux d'aller quérir de quoi nourrir leurs petits. Et la mère de T.S. se tenait debout déjà sur le toit de l'étable, où elle jetait du foin à l'âne.

Jia Jia retraça les faits dans sa tête. La mort de Chen Hang l'avait conduite ici. Elle avait fait la rencontre de Grand-père, il connaissait le monde de l'eau, il sculptait des figurines représentant l'homme-poisson. Puis Grand-père avait disparu dans la nuit. La mère de T.S. lui avait donné cette photo du couple, ils devaient avoir un lien avec Grand-père et le monde de l'eau. L'homme-poisson prenait les tulipes, seulement aucune ne fleurissait.

Elle avait besoin de dormir. Ren Qi semblait lire dans ses pensées. Tel un animal ayant pénétré par accident sur le territoire d'un autre, il se retira dans son coin de la pièce et sortit son carnet. Il n'écrivit rien, se contenta de l'ouvrir à une page blanche et de se gratter le menton. Jia Jia se recroquevilla sous les couvertures et se détourna.

Elle imagina des tulipes. Un champ entier de tulipes. C'était la nuit, et la lune versait une pâle lumière laiteuse. Des milliers de boutons s'épanouissaient en fleurs blanches, les uns après les autres, chaque éclosion faisant sombrer Jia Jia plus profondément dans le sommeil.

Quand elle fit sa valise, l'après-midi suivant, Grand-père manquait toujours à l'appel. Le jour ne l'avait pas ramené. Il semblait y avoir un consensus tacite dans le village : si Grand-père n'était pas revenu le jour suivant, alors son départ deviendrait en quelque sorte définitif.

À présent, c'était au tour de Jia Jia de s'en aller. La famille de T.S. se tenait devant la maison, et lui faisait des gestes d'au revoir, lui enjoignant de revenir les voir. Elle les salua en retour et promit qu'elle le ferait. Disparaître, songea-t-elle, ce n'était rien d'autre que partir sans dire au revoir.

Ren Qi insista pour la raccompagner à la voiture. Haletant, il traversa les champs et grimpa la colline en boitant.

« Où vas-tu dormir ? demanda Jia Jia.

— J'ai demandé à T.S. si je pouvais rester chez eux, moyennant rétribution. Mais il m'a amené dans la famille de ma femme puisqu'il la connait. Ils m'ont dit que je pouvais rester chez eux pour l'instant. Je n'avais encore jamais rencontré ses parents avant ce matin.

— Est-ce qu'ils savent où elle se trouve ?

— Ils n'en ont aucune idée. Elle ne les a pas contactés. Ne t'inquiète pas, je retrouverai l'homme-poisson et ma femme. Et puis je t'enverrai un message.

— Bien sûr.

— Ça te dit de repasser par le ruisseau ? »

Elle fit non de la tête. La sculpture n'avait plus d'importance à présent. Elle reviendrait un jour, elle peindrait tout cela. Peut-être qu'à son tour, elle chevaucherait une moto vert kaki, ses toiles bien accrochées dans le dos. Pendant un instant, elle eut la sensation qu'autour d'elle, les montagnes grandissaient.

T.S. l'attendait à la sortie du village, le coffre déjà ouvert. Avant que Jia Jia ne monte, Ren Qi lui tapota l'épaule. Un geste tendre et chaleureux, il s'attarda une seconde de plus qu'elle ne l'escomptait, à croire qu'il lui insufflait quelque chose du bout des doigts.

« Bon retour, dit-il.

— À une prochaine fois. » Elle eut un peu de mal à prononcer ces mots, comme du miel que l'on peine à sortir du pot. Elle ouvrit la portière d'un coup sec.

Ren Qi rajusta sa béquille sous son aisselle et demanda : « Tu penses que ton mari est là-bas aussi ? Dans le monde de l'eau ? Après tout, c'est lui qui t'a montré l'homme-poisson le premier. »

Jia Jia se mit à réfléchir. Un groupe d'enfants qui rentrait de l'école passa en courant auprès d'eux. L'image de Chen Hang agenouillé dans la baignoire, le front collé au fond, émergea dans son esprit. Elle secoua la tête, avec détermination.

« Il est mort, dit-elle en montant dans la Jeep.

— C'est juste », répondit Ren Qi sur ce ton qu'utilisent les gens quand ils ne comprennent pas ce qu'on leur dit mais n'osent pas reposer la question. Il referma la portière pour elle et recula d'un pas. Un sourire timide se dessinait sous son gros nez.

T.S. mit le moteur en marche et fit demi-tour sur la route étroite. Avant de partir, Jia Jia jeta un coup d'œil au champ où Grand-père avait planté ses tulipes, à peine vingt-quatre heures plus tôt. La mère de T.S. avait raison, pas une seule feuille n'avait poussé, alors même que Grand-père en plantait depuis des années. Lorsqu'ils abordèrent le premier virage, les fermes s'effacèrent une à une jusqu'à ce que le village tout entier disparaisse. Ainsi commença un périple de huit heures à travers les petites routes de montagne. Virage à gauche, virage à droite, encore et encore, jusqu'à en perdre le compte, sans savoir combien suivraient ensuite. Au bout d'un moment, elle eut l'impression qu'ils avançaient toujours sur la même bande et que c'était la route et non la voiture qui bougeait.

Jia Jia rentrait à la maison, et son esprit vagabondait vers Beijing et Leo. Elle sortit son téléphone. Leo ne lui avait laissé aucun message depuis leur dernière soirée. Elle l'imaginait derrière le bar, les cheveux peignés en arrière, luisants de gel, avec son nœud papillon, qui pressait des citrons. À quand remontait la dernière fois qu'une image lui avait procuré autant de réconfort ? Et soudain il lui manqua terriblement.

Depuis combien de temps était-elle partie ? En totalisant le temps qu'il lui avait fallu pour achever la peinture de madame Wan et celui consacré aux préparatifs du voyage, elle évalua qu'elle n'avait pas vu Leo depuis plus d'un mois. Elle lui avait dit qu'il ne devait pas l'attendre. Elle avait bien fait, elle en était toujours convaincue. Et maintenant elle voulait tout lui raconter : la sculpture, les histoires qu'elle avait glanées, les bulbes de tulipes, sa rencontre avec l'écrivain, la photo.

La route continuait à enrouler ses filets autour des montagnes. Et si T.S. s'endormait ? La voiture dévalerait la falaise, ils mourraient tous les deux. Il y avait fort à parier qu'on ne les retrouverait jamais dans ces montagnes reculées ; leurs corps se mêleraient au sol. Alors elle décevrait Leo, si seulement il attendait son retour.

Un besoin soudain de retrouver Beijing lui griffa le cœur. Elle voulait être dans la même ville que Leo, savoir qu'à quelques pas à peine, dans cette direction, il serait là. Ces pensées étaient pareilles à des pierres tièdes qui s'amoncelaient en elle. Alors elle ferma les yeux et essaya de ne plus penser à rien.

CHAPITRE 16.

Jia Jia prit une profonde inspiration avant d'appuyer sur la sonnette de l'appartement de son père.

Au moment de l'atterrissage, elle avait songé un instant à rejoindre Leo, au lieu de quoi elle avait sauté dans un taxi pour se rendre chez son père, directement depuis l'aéroport. Sa dernière visite à son domicile remontait à deux ans. Elle voulait aborder calmement avec lui le sujet du mariage, et lui dire qu'elle lui rembourserait l'argent. Elle ne voulait pas lui être redevable. À présent qu'il était marié à Xiao Fang, son logement devait être décoré avec soin de bouquets de fleurs, de tentures colorées, de photos encadrées, avec peut-être en prime un gros chat tacheté.

La porte était couleur thé noir. Elle s'ouvrit lentement, et son père apparut, en pyjama bleu, un exemplaire du *Quotidien du peuple* à la main.

« Jia Jia ! » En voyant sa fille, il ouvrit en grand. « Je ne savais pas que tu étais de retour », dit-il gaiement, ses sourcils gris relevés. Elle fut stupéfaite de constater combien il avait l'air content de la voir. Elle se força à sourire et entra avec sa valise.

« J'ai eu envie de m'arrêter pour te voir. Merci pour l'argent. Xiao Fang m'a dit qu'il venait de toi. Je ne m'en suis pas servi. Je te ferai un virement.

— Garde-le. Je sais que tu en as besoin. »

Il se baissa pour chercher des pantoufles dans le meuble à chaussures.

« Je peux rester en chaussettes, dit-elle en s'asseyant sur une chaise pour défaire ses lacets. Et j'ai trouvé des locataires pour l'appartement. Pour l'instant, ça va.

— Tu vas attraper froid. Xiao Fang m'a appris qu'il ne faut jamais avoir froid aux pieds. Voilà. »

Il posa devant elle une paire de chaussons rouges, puis il partit vers le salon et Jia Jia l'observa, de dos. Si elle avait fait une liste des symptômes du vieillissement, il aurait coché toutes les cases. Il avait maigri, malgré son petit ventre mou. Il avait beau s'être tenu droit toute sa vie, il était désormais un peu voûté, le cou tendu en avant. Quant à ses mains, elles étaient ridées et semées de taches sombres.

Xiao Fang n'était pas là, mais partout on sentait sa présence. Sur les étagères en bois de santal, derrière le canapé, se trouvaient plusieurs livres de médecine traditionnelle. Le père de Jia Jia ne lisait que des livres d'histoire et de philosophie. Les télécommandes de la télévision, du lecteur CD et de la chaîne étaient disposées en ordre sur la table basse, pareilles à des soldats dormant en rang dans leur caserne. Dans un coin de la pièce, un tapis de yoga vert était roulé avec soin contre le mur. Dans l'atmosphère flottait une odeur d'huiles essentielles. Citron, peut-être. Ou citron vert.

C'est drôle, songea-t-elle, comme une femme peut si naturellement s'approprier l'espace d'un homme.

« Tu veux qu'on sorte dîner ? lui demanda son père avant de faire volte-face. Et si on restait plutôt à la maison ? Xiao Fang est partie pour le week-end. Je vais nous préparer quelque chose.

— Je peux faire à manger », proposa Jia Jia. Elle ignorait que son père savait cuisiner. Elle ne se rappelait pas avoir jamais goûté à sa cuisine.

« Je n'ai pas bougé de la journée », dit-il en appuyant sur l'épaule de sa fille pour qu'elle s'assoie sur le canapé. Il lui donna une télécommande. « Regarde la télé ou bien fais une sieste. Il y a du thé sous la table. »

Elle regarda l'heure. Dix-sept heures dix.

« Je vais aller faire des courses, décida-t-il en hâte en allant dans sa chambre s'habiller. Si tu veux, tu peux préparer le riz », cria-t-il de derrière la porte.

Il réapparut bientôt vêtu d'un simple tee-shirt et d'un pantalon noir. Il prit ses clés de voiture et referma la porte derrière lui. Jia Jia dénicha le riz dans l'armoire de la cuisine, mesura la quantité nécessaire pour deux personnes, le lava trois fois et mit en marche l'autocuiseur. Le téléphone retentit dans le salon, et par réflexe, elle se précipita. Elle le regarda sonner, incapable de décider si elle devait ou non décrocher. Et si c'était Xiao Fang ? Elle ne voulait pas lui parler. Finalement, elle décida que si la personne tenait encore cinq sonneries, c'était une urgence, et elle répondrait.

Le téléphone se tut au bout de trois sonneries. Elle le fixa encore quelques secondes, au cas où on rappellerait, mais rien. Soulagée, elle s'assit sur le canapé et sortit la photo qu'elle avait rapportée du Tibet. Même de dos, elle voyait bien que l'homme était jeune. La femme, elle, semblait légère comme une plume. Jia Jia avait du mal à imaginer qu'un petit être puisse s'épanouir dans son ventre.

Elle décida de prendre une douche. C'est délicieux, songea-t-elle une fois sous l'eau chaude, prête à se récurer de fond en comble. Il y avait des jours qu'elle n'avait pas pris une bonne douche. Depuis son arrivée au village de T.S., elle avait fait sa toilette au gant. Elle se lava deux fois les cheveux, se savonna plusieurs fois, et demeura longtemps sous le jet.

Quand elle eut terminé, son père était rentré et découpait des carottes à la cuisine. Jia Jia s'enfonça dans le canapé et pendant un moment laissa l'air conditionné doucement la rafraîchir. Lorsqu'elle commença à avoir froid, elle se tourna vers les étagères, à la recherche de quelque chose pour s'occuper. Nietzsche, Rousseau, Diderot, Sun Tzu et d'autres peuplaient les étagères, au côté de douzaines de livres sur la dynastie Liao, époque qui intéressait son père depuis l'enfance. Il avait toujours été incapable d'expliquer pourquoi il éprouvait pareille tendresse pour cette dynastie, ce que tout le monde jugeait bizarre. Les Tang, les Qing ou les Royaumes Combattants avaient connu des aventures bien plus passionnantes.

Jia Jia ne trouva rien à son goût. *Le Contrat social* ne lui disait rien. Elle migra vers l'autre bout de la bibliothèque et repéra, devant une collection de livres d'histoire bordeaux, une figurine de la taille de la paume d'une main représentant l'homme-poisson. Il était posé là parmi d'autres bibelots, tel un souvenir original. Elle se figea sur place. Que faisait cet objet chez son père ? Comment avait-elle pu ne jamais le remarquer ? L'avait-elle seulement déjà vu ? Jia Jia bascula dans une sidération muette, et soudain se sentit vaciller. Elle tenta de se ressaisir puis retourna l'homme-poisson, il n'y avait pas de chiffre gravé au dos. La figurine, contrairement à celles qu'elle avait vues au village, était un travail d'expert.

« Lave-toi les mains ! C'est presque prêt ! » cria son père par-dessus les crépitements des légumes qu'il faisait revenir dans l'huile bouillante.

Sa voix la fit sursauter et, d'instinct, elle glissa la figurine dans sa poche. Son père sortit de la cuisine, un plat dans chaque main.

« Va chercher le riz, dit-il. Et les baguettes. »

Elle s'exécuta.

Assise à table, elle observa son père, en songeant à la figurine dans sa poche. Ses mains, qui tenaient les baguettes, tremblaient légèrement – elle l'avait déjà noté des années plus tôt, un jour où il l'avait emmenée déjeuner, mais ce soir-là, son cœur se serra.

Sur la table, un plat de porc braisé, couleur caramel, baignait dans l'huile, un peu trop d'ailleurs. L'autre plat contenait des carottes et des champignons sautés, luisants, cuits avec plus de soin.

Utilisant ses baguettes à la manière d'une cuillère, son père attrapa un morceau de viande et le déposa dans le bol de Jia Jia, où il le laissa choir. « Goûte-moi ça. »

Elle prit son bol et contempla la bouchée de porc.

« Goûte ! répéta son père. Tu aimes ça, le porc braisée, non ? »

Elle porta le morceau à sa bouche. À le voir, on se serait attendu à quelque chose de salé, tant cela baignait dans la sauce de soja, mais en réalité c'était trop sucré.

Son père eut un sourire satisfait et pointa la fenêtre de ses baguettes. « À cinq minutes près, il n'y avait plus de poitrine de porc au supermarché. Quand tu étais petite, tous les jours tu en réclamais. C'est meilleur braisé. Ressers-toi. Je suis sûr que tu n'en pouvais plus de la nourriture tibétaine et que la cuisine de chez nous a commencé à te manquer au bout de quelques jours. »

La dernière fois où Jia Jia avait pris un repas avec son père à la maison, c'était la veille de son départ. Qu'avaient-ils mangé alors ? Elle fouilla dans les recoins de sa mémoire, mais ne put se rappeler un seul des plats présents sur la table alors. Elle prit une autre bouchée, mastiqua, et avant même d'avoir avalé en reprit.

Et là, sans avertissement, elle fondit en larmes, hystérique, telle une enfant qui vient de tomber et retient ses larmes en attendant que ses parents la prennent dans leurs bras, pour mieux éclater en sanglots brûlants et déchirants. Malgré ses larmes, elle hocha la tête plusieurs fois pour dire à son père qu'il avait raison : elle aimait le porc braisé. Elle espérait qu'il comprendrait, car elle n'était plus capable de prononcer le moindre mot. Elle avait perdu le contrôle. Il n'y avait rien qu'elle puisse faire pour endiguer ces pleurs qui semblaient ne plus vouloir s'arrêter.

Son père ne bougea pas. Son bol de riz toujours entre ses grandes mains, il l'écoutait.

Le temps s'immobilisa, ou continua de couler, Jia Jia ne savait plus. Plus les sanglots s'intensifiaient, plus elle avait la sensation de rétrécir, tel un savon dont la forme d'origine se dissout. Elle devenait une version d'elle-même à la fois authentique et informe. Ce bouleversement, elle le savait, serait irrévocable.

Et puis, tout à coup, de même que la course d'une voiture folle se termine en s'écrasant contre un arbre, tout s'arrêta. Pendant un moment, nul ne dit mot. Il n'y avait plus aucune tension ni aucune charge émotionnelle dans l'atmosphère. Pas plus que de réconfort. Ne restait, dans la lumière tiède, que ce repas partagé entre un père et sa fille.

Quand ils eurent fini leur riz, elle le regarda dans les yeux.

« Ba, dit-elle avec une détermination farouche. Raconte-moi pour l'homme-poisson. »

Il lui renvoya un regard alarmé, la panique tourna à l'inquiétude puis il se composa une expression à la fois pleine de douceur et de fermeté. Il laissa de côté ses baguettes, attrapa une boîte de mouchoirs qu'il tendit à Jia Jia, et croisa les bras sur la table.

« Qu'aimerais-tu savoir ? »

Toute nervosité la quitta. Elle recouvra le contrôle d'elle-même et son esprit redevint clair comme du cristal. Elle allait découvrir pourquoi son père possédait cette figurine. Passer à l'acte lui parut aussi naturel que la noix de coco qui tombe de l'arbre à maturité. Elle sortit la photo de son sac et la posa devant son père, ainsi que la figurine de l'homme-poisson qui était dans sa poche.

« J'ai trouvé ça sur une des étagères, dit calmement Jia Jia. J'ai vu des sculptures similaires de l'homme-poisson dans un village au Tibet. » Elle pointa la photo du doigt. « Ce village. »

Son père se radossa à sa chaise, les bras toujours croisés sur la poitrine. Pendant un temps, rien ne vint, il se contenta de fixer la photo. Puis il se redressa, se pencha vers elle, et choisit ses mots avec soin.

CHAPITRE 17.

« Si j'avais le choix, je n'en parlerais pas. Ces souvenirs sont comme un trou dans le sol, au seuil de ma porte. Les jours de pluie, une flaque se forme, et je suis obligé de la contourner. Parfois, l'orage se déchaîne, alors je reste à l'intérieur, et je regarde le trou se remplir, déborder. De longues périodes s'écoulent pendant lesquelles il sèche et passe presque inaperçu. Et puis, sans prévenir, il pleut à nouveau. Mais avec les années, j'ai appris à accepter que le monde tourne sur lui-même, une saison se fond dans une autre, et le passé vous revient en pleine figure. Alors je vais te dire tout ce que je sais, Jia Jia, parce que je vous le dois, à toi et à ta mère. Plus important encore, je vais te le dire parce qu'ainsi tu comprendras peut-être.

En préambule à cette histoire, je dois préciser que je n'ai jamais vu l'homme-poisson ni le monde de l'eau. En ce sens, je ne sais pas à quoi ils ressemblent. Et jusqu'à ce jour, je ne sais si je dois ou pas m'en réjouir. Mais cela ne signifie pas que tout ça n'a pas eu d'effet sur moi. Oh non. Bien au contraire, ma vie a été gouvernée par le monde de l'eau dès l'instant où j'ai découvert son existence, ou peut-être même avant que je le voie engloutir ta mère il y a trente ans.

À l'époque où je l'ai rencontrée, ta mère s'escrimait à devenir sculptrice, et moi j'étais un homme très ordinaire. Pourquoi entre toutes les formes d'expression artistique avait-elle choisi la sculpture, je n'en sais rien. Comment et où elle avait appris à sculpter, elle ne me l'a jamais dit non plus. Mais elle était déterminée à devenir sculptrice, et nul ne pouvait la détourner de son objectif. J'ai fait sa connaissance dans la semaine qui a suivi le Nouvel An, à la fête du temple de Ditan. Quand sa tête est apparue dans ma ligne de mire, au milieu d'une mer de gens, elle était debout sur un banc, elle essayait de repérer un stand de sculptures en sucre, que je l'ai aidée à trouver. Elle portait une chapka marron trop grande qui lui couvrait la moitié du visage. Elle m'a dit plus tard qu'elle appartenait à son père, qui l'avait reçue en cadeau d'un de ses professeurs lorsqu'il faisait ses études en Union soviétique. Ta mère l'a portée pendant tout l'hiver, si bien que j'arrivais à peine à distinguer son visage lors de nos premiers rendez-vous. Pendant longtemps par exemple, je n'ai pas su à quoi ressemblaient ses cheveux. Mais cela ne faisait qu'ajouter à son charme et la rendre plus désirable encore.

Je n'avais jamais rencontré personne qui lui ressemble. Elle était très rêveuse et sa pensée souvent lui échappait. Un instant, elle te parlait des différents types de bières, l'instant d'après, elle récitait un poème. C'était le genre de femme qui se jette nue dans un lac gelé, ou s'en va faire un tour à bicyclette au beau milieu de la nuit. Elle était à l'opposé de ce que j'étais, et aucun de nos amis ne parvenait à nous imaginer ensemble. Pourtant, au bout de quelques mois, nous nous sommes mariés, et elle est devenue mon monde à moi.

Tout ce que j'ai voulu, dès lors, c'est passer ma vie auprès d'elle, rentrer chaque soir dans un foyer qui sentirait les nouilles fraîches, où elle m'accueillerait à la porte, le visage aussi épanouie qu'une marguerite. Tant qu'elle était avec moi, je pouvais supporter toutes les difficultés de la vie. Un peu comme une paire de chaussures qui m'allaient à la perfection, m'enveloppaient et me tenaient chaud. Nous vivions dans un trois-pièces de soixante mètres carrés, ce qui était assez grand et confortable pour nous. Il donnait plein sud, il gardait la chaleur l'hiver et la fraîcheur l'été. La journée, des flots de lumière se déversaient dans notre salon, et à la façon dont ta mère fredonnait tout en travaillant à ses sculptures, une bière à la main, je pensais qu'elle était heureuse.

Mais le temps a passé et, peu à peu, j'ai oublié qui elle était, ce qu'elle était. Et puis zut, je dois bien admettre que je ne le savais même pas, à vrai dire. Elle rêvait de quelque chose de plus vaste que notre appartement et la vie placide que nous menions. Elle voulait être au-dehors. Pourtant, elle restait auprès de moi et prétendait que la vie que j'avais fabriquée pour nous était justement celle dont elle rêvait. Bien sûr, je ne voyais rien de tout cela à l'époque, j'ai commencé à prendre peu à peu conscience des choses par la suite, quand nous avons décidé d'avoir un enfant.

Nous nous sommes lancés dans l'aventure quelques mois après notre mariage. Je ne me souviens plus qui a eu l'idée, mais l'un de nous deux a décidé qu'il ou elle voulait un enfant, et l'autre l'a accepté. De toute façon, c'était naturel. Nous avons essayé pendant des mois, sans succès. D'abord, on ne s'en est pas trop souciés, on pensait juste que la chance n'était pas avec nous. On a continué à vivre tranquillement. J'allais au travail comme d'habitude, ta mère restait à la maison et créait toutes sortes de sculptures. Malgré tout, petit à petit, notre échec à concevoir a commencé à infiltrer nos vies comme l'eau s'infiltre dans les murs. Ta mère pleurait chaque fois qu'elle avait ses règles. Rien n'avait changé, pourtant l'appartement nous semblait vide, à croire que nous avions eu un enfant et que nous l'avions perdu. Un épais nuage sombre prenait forme et grandissait, rongeant notre sommeil. Un jour, je me suis aperçu que ta mère sculptait les enfants qu'elle croisait dans la rue. Elle m'a dit qu'elle ne se souvenait plus ni quand ni comment elle avait commencé à faire ça.

C'était à croire que nous étions maudits, et bientôt la malédiction s'est manifestée de façon physique. Des choses se cassaient : la lumière de la cuisine, le chauffage, la radio, ses boucles d'oreilles en or, mes plus belles chaussures. Un matin, alors qu'elle allait au marché aux légumes, le soleil brillait plus fort que d'habitude, aussi a-t-elle décidé de retirer sa chapka pour profiter de cette belle journée d'hiver. L'instant d'après, un chien errant la lui a arrachée des mains et l'a déchirée en deux avant de filer sans demander son reste. Elle est rentrée à la maison en larmes, oubliant totalement le marché. Ce soir-là, j'ai mangé une conserve, et ta mère n'a rien pu avaler. Elle dormait de moins en moins, ce qui avait le don de me mettre les nerfs à vif, et me flanquait suées et cauchemars. Elle s'éveillait à l'aube et restait à la fenêtre pendant des heures, tel un esprit à la dérive qui aurait perdu tous ceux et celles qu'il avait aimés au cours de son existence. Au début, je me levais aussi, pour la réconforter ; après, j'ai fait semblant de dormir.

Les choses ont empiré quand deux de nos amies ont accouché, presque au même moment. Une fille, et un garçon. Ta mère s'est cloîtrée à la maison pendant une semaine. Elle ne voulait parler à personne, pas même à sa mère ni à sa sœur. Enfin, un ami proche, au travail, m'a donné une idée. Il a trouvé un médecin qui a accepté de dire à ta mère que les humeurs négatives avaient des conséquences sur la fertilité, et qu'elle ne devait pas se laisser ainsi submerger par la déprime. Ça a marché. Le lendemain, comme si de rien n'était, elle a recommencé à manger et à dormir normalement. Elle a proposé de s'occuper des bébés de nos amies, ce qui les a ravies, ta mère avait le cœur généreux, disaient-elles. Très vite, dans le quartier, elle est devenue la femme qui n'avait pas d'enfant mais qui gérait une crèche à la maison. Résultat, dans la journée, notre appartement résonnait en permanence de pleurs frénétiques ou de rires d'enfants qui n'étaient pas les nôtres. Mais une fois la nuit tombée, un silence insupportable s'abattait sur nous.

Les choses ont perduré ainsi pendant un moment. La crise avait beau sembler terminée en surface, nous savions tous les deux que la plaie demeurait ouverte et corrompait nos esprits, et si les choses devaient continuer de la sorte, nous finirions bientôt telles deux coquilles vides et brisées.

L'autre élément qui avait changé au quotidien, c'est que ta mère s'était mise à lire. Beaucoup. Elle se plongeait dans toutes sortes de livres. Quand elle en commençait un, elle ne pouvait s'arrêter avant d'en être venue à bout. Elle lisait des romans chinois, des classiques européens, des poèmes, des livres d'aphorismes de gens célèbres, des journaux, à peu près tout ce qui lui tombait sous la main.

Par un après-midi d'hiver, comme je mettais du chou à cuire dans une sauteuse tandis qu'elle lisait *Jane Eyre*, tout à coup, elle m'a regardé et m'a annoncé qu'elle allait partir à Lhassa et qu'elle voulait que je l'accompagne. J'ai ri en lui disant que c'était impossible. C'était trop loin, et nous n'avions ni le temps ni l'argent. C'était insensé. Seulement elle était tout à fait sérieuse. Je le voyais à sa manière de plisser les yeux et de serrer les poings. Je n'ai jamais su si sa décision avait un rapport quelconque avec *Jane Eyre*, même si je ne vois pas quel lien il pourrait y avoir entre les deux.

Ça n'a pas été simple, pourtant j'ai réussi à prendre un mois de vacances. Elle a vendu sa bicyclette, et grâce à nos économies nous avons acheté une moto de l'armée que nous devions récupérer à Chengdu. Nous n'avons presque rien emporté sinon quelques vêtements chauds, une couette, une tente que nous avions empruntée, et du matériel de cuisine de base.

Quelques jours avant le départ, nous avons découvert que ta mère était enceinte. J'avais le sentiment que tout allait être merveilleux à nouveau. Ta mère, avec toi qui grandissais dans son ventre, c'était pour moi le trésor le plus précieux au monde, et je suis devenu excessivement protecteur. J'ai demandé à une de mes connaissances de nous rapporter de Hong Kong toutes sortes de compléments naturels, de crainte que ta mère manque de nutriments. Lorsque je suis rentré avec les sacs remplis, elle a pleuré, arguant que nous avions besoin de cet argent pour le voyage.

Je ne voulais plus la laisser partir au Tibet. Elle était bien trop fragile pour entreprendre pareil voyage. Et si nous perdions ce bébé tant désiré ? Sur qui retomberait la responsabilité ? Comprenait-elle combien il nous serait difficile de trouver un hôpital convenable si nous nous retrouvions au milieu de nulle part ? Mais ta mère a rétorqué qu'elle le savait mieux que personne, qu'elle voulait protéger notre enfant plus que je ne pourrais jamais l'imaginer. Seulement elle avait besoin de faire ce voyage autant qu'elle avait besoin de cet enfant. Elle était déterminée, et refusait de revenir sur sa position. Elle m'a traité d'égoïste, s'est lancée dans une série d'accusations, j'étais autoritaire, ignorant et limité. Elle a ajouté que j'étais un homme dépourvu de rêves, et que je ne comprenais pas les siens. Quel était son rêve ? Nous allions enfin avoir un enfant. N'était-ce pas ce qu'elle voulait ?

Puisqu'elle me voyait toujours perplexe, voilà les paroles exactes qui sont alors sorties de sa bouche : "J'ai besoin d'avoir cet enfant, mais j'ai aussi besoin de faire ce voyage. Sans ça, je resterai toujours prisonnière de cet appartement, pour cette vie et les suivantes, comme toi, victime de l'illusion qu'il existe un semblant de sens dans tout cela. Alors que nous vivons dans une réalité bien plus vaste."

Pour la première et seule fois, je l'ai giflée.

Ce soir-là, ni l'un ni l'autre n'avons eu le courage de cuisiner. On ne s'adressait plus la parole. Ta mère a continué les préparatifs du voyage, et je me suis demandé à qui elle ferait appel pour la conduire à l'aéroport si je refusais de l'accompagner. Le jour s'est levé, et personne n'est passé la chercher. Elle a tout embarqué, y compris mes affaires, et elle s'est mise en marche vers la gare. Elle n'avait pas le permis moto, mais une fois à Chengdu, aucun doute qu'elle serait partie, avec ou sans moi. Je la connaissais. Sa détermination m'a fait peur, et sans doute mû par mon instinct d'homme déterminé à protéger ma femme et mon enfant à naître, j'ai cédé et j'ai pris les bagages.

Au cours de ce voyage, nous avons frôlé la mort plusieurs fois. Le plus souvent à cause de la pluie ou d'un glissement de terrain. Une nuit où nous campions dans les montagnes, nous avons rencontré une horde de loups. Terrifiés, nous nous sommes réfugiés à l'intérieur de notre tente et nous avons prié pour avoir la vie sauve. Une autre fois, la moto a fait un tonneau dans un virage, ta mère a failli tomber dans un ravin et s'est blessée à l'épaule. Il n'y avait pas d'hôpital dans les environs, mais nous étions près d'une petite ville. Nous avons frappé à toutes les portes, et par chance, il y avait là un homme qui avait servi dans l'armée comme infirmier et qui a accepté de nous aider.

Bien des nuits j'ai observé ta mère, de dos, qui ruminait dans les ténèbres des montagnes sauvages, le souffle court, sous un ciel constellé d'étoiles qui paraissaient à portée de main si nous avions bondi pour les attraper. Elle réfléchissait en silence, et je n'ai jamais réussi à trouver le courage de lui demander à quoi elle pensait. Nous ne nous disputions plus, mais nous parlions peu.

Nous ne sommes jamais arrivés à Lhassa. Nous avons fait halte pour deux semaines dans un petit village. J'avais l'impression que nous avions atteint le bout du monde. À ce stade, ta mère réagissait de plus en plus mal aux difficultés du voyage, pourtant elle insistait pour continuer et s'enfoncer plus profondément encore dans le Tibet. Elle me serrait dans ses bras, me disait qu'elle devait aller aussi loin que possible pour être à nouveau prête à rentrer à la maison. Je ne l'ai pas contrariée, j'avais compris qu'il était vain d'essayer de me mettre à sa place. Elle était différente, voilà tout. J'ai choisi de l'accompagner, jusqu'au bout, et ensuite de la ramener chez nous. Je me disais que je faisais abstraction de moi-même, et que j'agissais par amour. C'est pourquoi j'ai cru de manière inconditionnelle à ce qu'elle disait – du moins l'ai-je prétendu – quand elle est revenue en courant à la ferme, la deuxième nuit que nous avons passée dans ce village, et m'a raconté dans quel monde elle avait plongé.

Les yeux écarquillés, elle m'a expliqué qu'elle avait rencontré une créature près de la rivière, un homme avec un corps de poisson. Il n'était ni grand ni petit. Il mesurait environ un mètre de long, et nageait dans les airs, juste assez haut pour ne pas qu'elle l'atteigne. Derrière la créature, les ténèbres. Au début, c'était comme un rideau noir, tiré au milieu d'une scène sans éclairage, et la créature tournait devant, sous les feux de la rampe. Au bout d'un moment, sa vue s'est ajustée, et elle a réussi à discerner le mouvement furtif de l'eau. La créature s'est alors détournée, elle est partie en nageant dans les flots, et ta mère, intrépide qu'elle était, l'a suivie.

Dedans, m'a-t-elle raconté, tout était noir et infini, comme si elle était à la fois prisonnière au cœur de la terre, tout en flottant librement dans l'espace. Sa description était imprécise, parce que la véritable sensation qu'elle avait éprouvée en flottant dans cette eau n'était comparable à aucune expérience imaginable. Je l'ai priée de m'en dire plus, et enfin, après plusieurs explications incompréhensibles, elle est arrivée à la conclusion qu'en réalité il ne s'agissait que d'eau. Ce qui m'a rendu plus perplexe encore.

Comment était-elle sortie, ai-je voulu savoir.

"J'ai tout simplement nagé."

Où était partie la créature et y en avait-il d'autres ? S'il s'agissait d'une mer, raisonnais-je, il devait bien y avoir d'autres organismes.

"La créature a disparu quand je suis entrée. Ensuite, il n'y avait plus rien, pas un seul poisson. Pas même de lumière. C'était à la fois l'expérience la plus effrayante et la plus belle qu'on puisse connaître."

Le lendemain, elle a rassemblé les villageois et leur a raconté ce qui lui était arrivé. Elle voulait savoir si d'autres avaient vécu la même expérience. La plupart des gens se sont montrés aussi perplexes que moi. Les enfants l'ont écoutée avec attention, comme s'il s'agissait d'un conte de fées, puis dès que l'histoire a été terminée, ils sont repartis jouer. Un homme avait l'air fasciné. Il était chauve, le regard pénétrant, la soixantaine, et il a prétendu qu'il cherchait depuis toujours "le monde de l'eau", comme il l'appelait.

Les villageois le surnommaient Grand-père. Toute la journée, il a suivi ta mère en l'assaillant de questions. À quoi ressemblait la créature ? Que voulait-elle dire, une tête d'homme avec un corps de poisson ? Alors ta mère a commencé à faire ces sculptures pour lui, en utilisant tout ce qui lui tombait sous la main au village.

"Là, lui disait-elle. Celle-ci est assez ressemblante."

Ta mère et Grand-père marchaient le long du ruisseau toutes les nuits à la recherche du monde de l'eau, mais pas une fois ils n'ont rencontré la créature en question. Déçus, ils retournaient à la ferme au petit matin, s'asseyaient à table, et fabriquaient de nouvelles sculptures en discutant de ce nouveau monde qui était entré de force dans nos vies.

Un jour où ils fabriquaient leurs figurines, j'ai demandé à Grand-père comment il avait appris l'existence de ce monde. Il nous a raconté que dans les montagnes d'où il venait, les tulipes sauvages poussaient en abondance. Contrairement à celles que nous connaissions, elles avaient de larges pétales. Elles fleurissaient toutes en une seule et même nuit, couvrant des champs entiers, puis elles flétrissaient toutes en même temps, comme si elles n'étaient rien de plus qu'un rêve fugitif. On trouvait rarement deux tulipes de couleurs différentes dans le même champ. Il était difficile d'exprimer pareille beauté avec des mots, a-t-il dit avec mélancolie.

La première fois où il avait entendu parler du monde de l'eau, il était encore enfant. Un homme avait trébuché sur une pierre, dans un champ de tulipes blanches, et il avait basculé dans ce monde. Il en était revenu tremblant, apeuré comme un chien battu. Depuis ce jour, il n'avait plus jamais quitté la ferme sans être accompagné. Lorsqu'il devait se rendre quelque part, il emmenait un yak avec lui. Quand on l'obligeait à en parler, il disait : *c'est noir, c'est tout noir.* Pourtant, cela n'avait pas effrayé le jeune Grand-père. Il sentait qu'un fil invisible avait été tissé au cours de sa vie et des précédentes, et que l'objectif de son existence actuelle consistait à poursuivre ce fil. Il s'était mis en tête de chercher le monde de l'eau. Même si pour lui, cela ne relevait pas d'un choix, mais du destin.

Les années avaient passé, l'homme qui avait vu le monde de l'eau était décédé, et les gens avaient peu à peu oublié toute l'histoire. Grand-père, lui, se rendait tous les jours dans le champ de tulipes. Jusqu'à cette triste année où les tulipes refusèrent de pousser. Pas une seule fleur. Cette année-là, Grand-père venait d'avoir treize ans et il avait perdu tous les membres de sa famille dans un incendie qui avait pris dans la cuisine. À croire que les tulipes avaient emporté toute sa vie avec elles. Alors il comprit ce que cela signifiait d'être vraiment seul, et que l'existence était un perpétuel changement. Il passa trois jours et trois nuits dans les montagnes, à contempler les champs stériles en écoutant les loups hurler à la lune.

Ensuite il partit, à la recherche de la seule chose qui lui restait : le monde de l'eau.

"Pourquoi venir ici ?" lui avons-nous demandé.

"J'ai eu le sentiment d'être chez moi", a-t-il répondu.

Ensuite, ta mère et moi, nous nous sommes mis à cueillir des tulipes pendant quelques jours. Nous avons pris la moto, nous passions toutes nos matinées dans les montagnes, à la recherche de ces fleurs sauvages. À notre grande surprise, elles n'étaient pas rares, et nous en avons trouvé en grand nombre. Comme dans le souvenir de Grand-père, elles poussaient densément, remplissant des champs entiers. Ta mère ramassait toutes celles qu'elle trouvait : blanches, jaunes, rouges, bleues, violettes... toutes. Du moment que c'était une tulipe, elle la rapportait à la ferme. Nous avons rempli une pièce entière de ces fleurs magnifiques.

Mais les choses ont pris un tour inattendu. Jamais je n'aurais imaginé en cet après-midi pluvieux, dans ce petit village tibétain, enveloppé de l'arôme de miel des tulipes en fleur, que j'allais tout perdre.

Ce jour-là, ta mère s'est réveillée après une sieste et elle s'est trouvée engloutie dans le monde de l'eau. J'étais là, moi aussi, mais dans ma mémoire, il y a un blanc. J'ai eu beau essayer de me remémorer ce moment de toutes mes forces, tout ce dont je me souviens, c'est que nous sommes allés nous coucher, et aussi de cette brume qui enveloppait le village. En revanche je me rappelle aussi clairement que le son d'une trompette ce que j'ai vu en ouvrant les yeux : les larmes inondant le visage de ta mère, le sang qui coulait des blessures de ses bras, et le couteau qu'elle tenait sous sa gorge.

Mais qu'est-ce que tu fais ? ai-je crié.

"Tue-moi", a-t-elle répondu.

Je lui ai dit de me donner le couteau. Elle m'a fait promettre que je la tuerais. Je l'ai suppliée de se calmer et je lui ai demandé pourquoi elle voulait mourir. Je lui ai assuré que nous allions bientôt rentrer à la maison et que tout cela serait bientôt fini.

"C'est déjà fini, a-t-elle dit calmement, les larmes roulant sur ses joues. Mon corps est toujours là, mais pas pour longtemps. Ce qui donnait à mon corps son sens m'a été ravi par le monde de l'eau. Il va finir par m'engloutir tout entière."

Je ne l'ai pas crue. Plus exactement, je ne saisissais pas le sens de ses paroles. Je l'ai traitée d'égoïste, elle ne pensait qu'à elle, pas à sa famille. J'en ai conscience : je voulais l'enchaîner à nouveau à ma propre conception de la famille. Je me suis dit que la garder en vie suffirait pour former une famille.

Je le regrette tellement. Je regrette de ne pas avoir été capable de lui prendre la main pour la tirer hors du monde de l'eau. Je ne cesse de penser que si je l'avais mieux comprise, si j'avais accepté sa façon de vivre, les choses auraient tourné différemment, et elle aurait réussi à trouver en ce bas monde quelque chose auquel se raccrocher. Mais à l'époque, j'étais un imbécile. Je n'aurais pas réussi à la sauver même si j'avais essayé. Elle disait qu'il n'y avait rien dans le monde de l'eau, mais j'ai fini par comprendre que tout ce qu'elle avait toujours désiré se trouvait là, dans ces eaux profondes. Et elle m'a laissé seul, dans ce monde-ci, à essayer de découvrir ce que je voulais vraiment.

Je lui ai arraché le couteau des mains. Grand-père a dû entendre notre querelle et voir ta mère avec l'arme. Car à partir de ce jour et jusqu'à notre départ, il n'a plus jamais parlé du monde de l'eau.

Nous sommes rentrés chez nous, et quelques mois après, ta mère t'a donné naissance. Elle t'aimait avec une intensité que je n'avais jamais vue en elle auparavant. Je peux t'affirmer avec certitude que tu es la seule raison pour laquelle elle s'est accrochée à notre famille toutes ces années. Elle a endossé le rôle de mère que j'avais toujours espéré pour elle. Ce qui restait d'elle en ce monde, elle te l'a donné tout entier. Pendant ce temps, je l'ai vue s'éloigner de moi, se perdre un peu plus dans ce monde que je n'ai jamais connu. J'ai appris qu'il existait deux sortes de gens ici-bas : ceux qui ont besoin de frontières, et ceux que ces frontières tuent. L'obliger à vivre comme je l'entendais n'était pas moins cruel que d'enfermer un poisson dans un bocal.

Ça a été une expérience incroyable de solitude pour nous deux. Nous n'avions plus rien en commun, sinon un enfant et une adresse. Elle n'a jamais émis l'envie de retourner au Tibet. Elle évoquait bien de temps à autre le monde de l'eau, mais jamais plus que par une brève remarque. Parfois, elle achetait des tulipes et nous les regardions ensemble s'épanouir, puis se faner.

Nous avons fini par nous séparer. Peu de temps après mon départ, j'ai appris qu'elle était malade. D'une certaine manière, les cellules cancéreuses n'étaient guère différentes de ce couteau sous sa gorge, c'était juste une autre manière de s'exprimer. Et elles l'ont tuée.

Dans ma vie, j'ai commis d'innombrables erreurs. J'ai fait quantité de choses sur lesquelles je m'interroge encore. Mais il en est une que je referais sans hésiter : c'est lui arracher ce couteau des mains.

Elle avait tort, tu sais, le monde de l'eau ne pouvait pas l'engloutir tout entière. Rien ne peut être aussi absolu. Mais elle ne l'a jamais compris. Des parts d'elle, comme des graines, ont été plantées dans la terre et ont germé, donné des fleurs, des arbres, jour après jour. Des racines si profondément ancrées dans le sol qu'elles continueront de s'étendre aussi longtemps que toi et moi pourrons l'imaginer. Penses-tu vraiment que le corps puisse être ainsi séparé du reste de l'être ? Pas moi.

Excuse-moi, c'était une longue histoire. Je ne te demanderai pas si tu as vu le monde de l'eau. Je pense déjà connaître la réponse. Et je ne trouve pas surprenant que quelque chose t'ait ramenée à ce village que nous avons connu. Mais pour des raisons que je ne m'explique pas, je ne sens pas chez toi les vestiges de ce noir absolu où ta mère était tombée. Et j'en suis heureux.

Garde cette figurine. Ta mère l'a faite. On devrait lui rendre visite un jour. Je ne pense pas que nous soyons jamais allés ensemble au cimetière. On apportera de la bière. Elle aimait bien la bière.

CHAPITRE 18.

La lune ressemblait à un pendentif accroché à une chaîne d'étoiles. Les nuits de Beijing étaient encore fraîches. Elle détacha ses cheveux, les laissant retomber dans le dos, protégeant sa nuque de la brise. Le vert citron du début de printemps s'était mué en une palette de verts luxuriants, et les feuilles des gingkos flottaient dans le vent tels des éventails miniatures.

Li Chang avait été libéré peu après les fêtes de mai. La tante de Jia Jia avait décrété qu'il n'y avait aucun mal à ce qu'ils aient quelques jours de retard : ils célébreraient les fêtes ensemble, en famille. Après le dîner, à la demande de Li Chang, Jia Jia était allée porter une boîte de gâteaux de lune à monsieur Du, en prévision de la fête des bateaux-dragons. Il était seul chez lui devant la télévision. Il n'avait pas recouvert la peinture murale. En quelques semaines seulement, il était devenu vieux. Jia Jia lut le désespoir sur son visage, la solitude de l'appartement plongé dans le silence de la nuit. Il la remercia pour les gâteaux et lui offrit une canette de thé blanc en retour. Ils n'échangèrent que quelques mots, après quoi Jia Jia marcha jusqu'au quartier des affaires.

Puisque Li Chang était de retour, Jia Jia avait contacté son agent immobilier pour qu'il lui trouve un petit studio dans l'est de la ville. De son côté, sa tante, tout à la fois soulagée et remplie de joie, s'était rendue au marché aux fleurs où elle avait acheté des poissons et du corail rouge pour l'aquarium. Au cours de ces dernières journées chaotiques, Jia Jia avait peint. Elle s'était attelée à une nouvelle version du cheval sur la plage, sur une toile plus grande cette fois. Cela avait eu l'avantage de l'occuper, et ce soir-là elle mettait le nez dehors pour la première fois depuis des jours. Elle n'avait pas encore revu Leo ; elle avait besoin d'un peu de temps pour recomposer le monde de l'eau et accepter l'histoire de son père. Le savoir dans les parages lui suffisait.

Elle traversa l'aire de jeu déserte, le bac à sable, en prenant garde à ne pas en mettre dans ses chaussures. Elle se balança doucement sur la balançoire en regardant son immeuble et elle compta les fenêtres jusqu'à son appartement. Ses locataires avaient emménagé le jour-même. L'appartement était baigné de lumière, un jeune couple et une femme plus âgée étaient assis autour d'une table. Les murs étaient nus – ils n'avaient sans doute pas encore eu le temps d'installer leur mobilier. Le couple devait avoir l'âge de Jia Jia. Même assise, la femme avait l'air plus grande que l'homme qui tournait le dos à la fenêtre. Il était en pleine conversation avec la dame plus âgée, sans doute sa mère. Il était bien installé sur sa chaise, une bière à la main, qu'il portait sans cesse à ses lèvres.

Tout à coup, les trois tournèrent la tête en même temps vers la chambre, l'air inquiets. La jeune femme se leva et traversa le salon en trombe, revenant bientôt avec un bébé dans les bras, affichant un sourire de fierté et de gêne mêlées.

Le téléphone de Jia Jia se mit à vibrer dans son sac. Un message de Ren Qi.

Wu Jia Jia, comment vas-tu ? J'espère que tu es en famille, à manger de la bonne cuisine de Beijing et que le vin coule à flots ! J'en ai vraiment marre de la cuisine tibétaine. Je suis toujours là-bas, assis sur le chemin de terre au bord de la rivière, avec une bouteille de vin d'orge. Que c'est tranquille ce soir ! Tu sais quoi ? T.S. m'a dit que lorsqu'il était petit, des tulipes sauvages poussaient à cet endroit. Où penses-tu qu'elles soient allées ? Il n'y a plus rien. Juste des cailloux et de l'eau.

Jia Jia l'imaginait, assis seul par terre, sa béquille et son carnet posés de côté, sous la même lune qui brillait au-dessus d'elle. Elle se figurait la lune tibétaine plus basse et plus brillante, comme si, en la poussant en peu, elle allait rebondir, de montagne en montagne, à la manière d'une balle.

Une minute plus tard suivit un autre message :

Je voulais t'appeler, mais je n'ai pu me résoudre à briser ce silence. En plus, je n'ai pas envie d'entendre résonner le son de ma voix. J'espère que tu as progressé dans ta quête du monde de l'eau.

Jia Jia se concentra un instant avant de pianoter :

Quand reviens-tu ? As-tu retrouvé ta femme ? Pour le reste, nous nous verrons à ton retour, et je te raconterai tout.

Une fois son message envoyé, elle posa le téléphone sur ses genoux. Ensuite, elle ôta ses chaussures et plongea ses pieds dans le sable tiède. Elle songea au monde de l'eau, elle y avait baigné autrefois, quand sa mère était enceinte. À l'instar de sa mère, peut-être avait-elle perdu quelque chose là-bas, elle aussi. À mesure que son père lui racontait son histoire, elle avait compris que le couple sur la photo, c'était eux. Qu'il avait l'air prévenant : sa main posée sur le bras de sa femme, comme s'il craignait que le vent puisse l'emporter. Jia Jia n'avait aucun souvenir d'une telle intimité entre eux. Elle n'aurait jamais imaginé qu'un geste aussi banal, une main posée sur un coude, puisse lui apporter tant de réconfort.

Son téléphone vibra de nouveau.

Je ne vais pas fort. Je suis anéanti. Ma femme est revenue, mais avec un autre homme, une espèce d'étalon tibétain avec lequel elle a grandi. Si tu avais vu sa tête quand elle m'a découvert, l'attendant comme un imbécile pour essayer de la ramener d'un supposé monde de l'eau que je n'avais jamais vu. Tu sais ce que j'ai fait ? Je lui ai souri. Elle n'a même pas voulu me parler.

Jia Jia relut le message plusieurs fois. Son cœur se serrait à la pensée qu'il n'était pas préparé à ça et qu'il avait dû être profondément blessé.

Mais c'est la vie, hein ? Parfois, on a envie de danser, parfois, on a envie de pleurer. Pourtant je ne pleure pas. La douleur est encore trop fraîche. Les larmes ne viennent pas. Ce sera pour le jour où je verrai le roman qu'elle lisait posé sur notre étagère, ou que j'ouvrirai sa boîte de thé oolong à moitié entamée, ou encore que je retrouverai un de ses rouges à lèvres égaré sous notre lit. Jusque-là je ne ressentirai rien d'autre que de la honte. Viendra le temps où mon cœur se déchirera. Je le sais. Bon, je retourne au village. J'ai fini la bouteille.

Elle reprit une inspiration profonde et regarda à nouveau son appartement et la famille qui débutait une nouvelle vie dans cet endroit qu'elle avait abandonné derrière elle. L'aire de jeu était toujours déserte. Le toboggan jaune se tenait bien droit dans l'obscurité, mélancolique, ignoré de tous. Jia Jia commença à taper un message :

Est-ce que tu écris ces temps-ci ? Je m'aperçois que je ne t'ai même pas demandé les titres de tes livres.

Je serais heureuse de pouvoir m'en procurer un exemplaire. Ren Qi, j'en suis arrivée à la conclusion que parfois, la manière la plus simple de perdre quelqu'un, c'est de le garder auprès de nous.

Elle n'avait pas terminé qu'un nouveau message arriva :

Les tulipes ! Wu Jia Jia, tu ne vas pas me croire ! Le champ vide est maintenant rempli de tulipes d'un blanc pur ! Elles brillent autant que si elles appartenaient au palais dans le ciel. La brise caresse leurs pétales. Le champ tout entier frissonne comme la soie. J'imagine que la couverture de la déesse lune doit ressembler à ça. Wu Jia Jia, j'ai l'honneur de t'annoncer que ta tulipe a fleuri !

Devant Jia Jia, le monde de l'eau surgit, d'un noir d'encre, dévorant les lampadaires, la lune, le toboggan jaune, l'immeuble et les locataires à l'intérieur. La chaussée disparut. Le sable sous ses pieds s'éparpilla dans l'eau. Les frontières de Beijing se dissipaient.

Un froid cinglant la frappa. Aucun vêtement, aucun feu n'aurait pu la réchauffer, elle le savait. Elle sombra. Enfin, c'est ce qu'elle crut. Elle se concentra sur la chute lente de son corps, refusant de se débattre. Ainsi, raisonnait-elle, elle parviendrait peut-être à trouver le fond de ce monde. Il avait beau ne pas exister, elle gardait espoir envers et contre tout. *Parce que c'est ce que l'on fait, non ?* pensa-t-elle. *Espérer.*

L'homme-poisson ondulait devant elle. Son visage, semblable à l'esquisse de Chen Hang, ne présentait aucun signe particulier. C'était celui d'un homme ordinaire, aux proportions normales, inexpressif. Le plus notable peut-être était son crâne chauve, qui au niveau du cou se couvrait d'écailles, couleur kaki. Ce n'était pas une créature d'une beauté exceptionnelle. Il ouvrit la bouche :

« Rentrez à la maison, le dîner est servi », dit-il d'une voix de violoncelle tout en zigzaguant d'un côté à l'autre, comme s'il était contraint par des murs invisibles.

« Ma mère est-elle là ? demanda Jia Jia. Elle est venue ici, il y a trente ans.

— Il faudra chercher par vous-même. Venez maintenant. » L'homme-poisson s'impatientait, agitant ses nageoires. « Tout ce que je peux vous dire, ajouta-t-il, c'est que si elle n'est pas là où vous êtes, elle est peut-être là où je suis. »

Jia Jia commença à battre des jambes. Elles étaient lourdes, comme congelées. L'homme-poisson pivota sur lui-même et fila telle une flèche dans les ténèbres. Jia Jia le poursuivit. Bientôt, elle ne vit plus sa tête, seulement sa queue, qui oscillait.

Elle voulait continuer à lui parler, mais rien ne sortait. Ses lèvres bougeaient-elles ? Elle luttait déjà pour tenir le rythme, alors faire la conversation, c'était peine perdue. Elle n'avait pas même idée de ce qu'elle pourrait lui dire.

À un moment, elle s'aperçut qu'elle avait dû fermer les yeux ou s'endormir en faisant du surplace. L'homme-poisson n'était plus là. Quand avait-il disparu ? Sa mémoire la trahissait, se dissolvait tel du sel dans l'eau. Le froid s'était volatilisé lui aussi ; son corps, lourd comme la pierre un peu plus tôt, avait à présent la légèreté de l'écume. Elle passa les mains sur elle.

Rien. Il n'y avait plus rien. Son corps avait disparu. En fait, ce qu'elle croyait être ses mains n'étaient qu'une pensée. Ce devait être la fin. Pourrait-elle seulement fumer une cigarette à nouveau ? Elle en avait désespérément envie. Elle chercha son sac. Bien sûr, il n'était pas là.

Sa mère s'était-elle fait piéger de la sorte ? « Piéger » était-il le bon mot, d'ailleurs ? Peut-être était-ce ainsi que se produisait la réincarnation. Elle se réveillerait dans le corps de quelqu'un d'autre et vivrait une nouvelle existence. En toute probabilité, dans cette nouvelle vie, elle ne rencontrerait jamais le monde de l'eau. Elle ne serait peut-être même pas humaine. Elle se souvint de la peinture murale de madame Wan. Elle appartenait à monsieur Du, désormais. Le bol saphir scintillant au milieu, entre les mains du Bouddha. Cette pointe d'orange qu'elle avait ajoutée à la peinture bleue.

« Qu'est-ce que vous faites ? » La voix de l'homme-poisson émergea des ténèbres.

« J'ai dû vous perdre, répondit Jia Jia en sortant de sa transe.

— Gardez le rythme.

— Je ne vous vois pas, dit-elle en se demandant comment ils pouvaient s'entendre l'un l'autre.

— Suivez ma voix. »

Elle fit de son mieux pour situer l'origine de sa voix. Plus haut, semblait-il.

« Et si vous chantiez une chanson ? Comme ça, j'arriverais à vous repérer. »

L'homme-poisson se mit à fredonner une mélodie. Rien qui soit reconnaissable, ni particulièrement agréable, mais ce n'était pas le but. Jia Jia somma son moi désincarné de fermer les yeux, de nager plus vite pour ne pas perdre l'homme-poisson.

« Ça ne marchera pas. Je n'avance pas, dit Jia Jia. Je n'ai pas de corps. »

L'homme-poisson s'interrompit au milieu de sa chanson : « Moi non plus. C'est pour ça que vous ne me voyez pas. Par contre, je vous le confirme, on avance. On avance perpétuellement.

— Pouvez-vous me dire où nous allons ?

— Quand nous cesserons de bouger, nous serons arrivés à destination. » Et l'homme-poisson reprit sa chanson.

Elle écoutait la mélodie monotone de l'homme-poisson tandis que peu à peu ses pensées se dissolvaient. En quelle langue chantait-il ? En tibétain ? Peu importait, le son de la chanson finit par s'éteindre lui aussi.

Rien.

Seul le silence de l'esprit.

Au loin, elle crut voir une lueur. Un poisson d'argent.

CHAPITRE 19.

La lanterne orange de sa mère luisait doucement à l'entrée du bar de Leo. Elle n'était pas accrochée en hauteur mais posée sur un petit guéridon que Leo avait dû récemment acquérir. Une nappe beige recouvrait le guéridon, sur laquelle était également posé un cendrier vide. Il y avait aussi une chaise, pour les fumeurs qui préféraient s'asseoir. Jia Jia porta la main à son visage et en dessina le contour tout en regardant son reflet dans la vitre. C'était bien elle, elle en était certaine. Elle se retourna et repéra son appartement, de l'autre côté de la rue. Ses locataires étaient toujours attablés, l'homme sirotait sa bière, la femme souriait, le bébé dans les bras. Le ronflement d'un scooter électrique s'amplifia, puis s'évanouit dans le lointain.

À cette époque de l'année il faisait toujours sec à Beijing. Le monde de l'eau ne laissait aucune trace, mais sa présence demeurait en Jia Jia, comme s'il avait été injecté dans ses veines et qu'il coulait à présent dans son sang.

Elle alluma une cigarette. Le gardien du parking avait été remplacé par un autre jeune homme, plus petit. À l'instar de son prédécesseur, il était tout entier absorbé par son téléphone. Il portait des lunettes à monture épaisse, et la visière de sa casquette était légèrement tournée sur le côté. Jia Jia crut le voir sourire.

La porte s'ouvrit et Leo apparut. Il avait un châle sur le bras, qu'il passa autour des épaules de Jia Jia.

« Je t'ai vue par la fenêtre, dit-il en lui prenant une cigarette.

— Je suis rentrée il y a quelques jours.

— Tu as des locataires ? » demanda Leo en désignant la fenêtre de l'appartement.

Elle sourit. « Ils ont emménagé aujourd'hui. Une charmante petite famille, j'ai l'impression. Tu fermes bientôt ?

— Il y a plein de monde à l'intérieur. » Il se tourna vers le bar. Une bouffée de tabac mêlée d'agrume émanant de sa longue silhouette svelte chatouilla les narines de Jia Jia.

Elle posa sa cigarette dans le nouveau cendrier et son regard s'arrêta sur un arbre dans le lointain. Un oiseau venait de rejoindre le nid. Il avait dû s'aventurer loin pour revenir à cette heure tardive. Elle serra plus fort le châle autour de ses épaules et, n'ayant aucun impératif, attendit que Leo finisse sa cigarette.

Jia Jia s'assit sur le tabouret au bout du bar et sirota son cognac jusqu'à la fermeture. Les clients avaient occupé Leo toute la nuit. Il leur souriait, prenait leurs commandes, préparait leurs boissons, l'addition. Des groupes d'amis s'attablaient, s'exprimant avec des accents variés, enchaînant les verres autour des tables basses rondes, éclatant parfois de rire, avant de passer enfin la porte, de mettre le cap vers le nord ou le sud. Leo nettoyait la table pour le groupe suivant. C'était ça la ville, songea Jia Jia, un flux incessant d'allées et venues, certains s'attardaient, d'autres non. Et lorsqu'une une personne la quittait, la ville attendait que la suivante prenne sa place.

À mesure que la nuit avançait, elle mesurait peu à peu ce que le monde de l'eau avait laissé en elle. Quelque chose d'incroyablement léger, comme un nuage par une nuit claire, une graine de pissenlit dans l'air, une danseuse étoile, les *Jeux d'eau* de Ravel. Si le monde de l'eau lui avait pris quelque chose, alors ce devait être quelque chose de lourd.

Elle pensa à Ren Qi, au village, à l'odeur de beurre de chèvre et d'encens, à ce qu'il faisait au milieu du champ de tulipes blanches, le reflet pêche de la bouteille de vin d'orge sur son visage. Elle répondrait à ses messages le lendemain, elle lui parlerait de l'homme-poisson et du monde de l'eau.

Jia Jia leva son verre pour boire à ceux qui étaient loin.

Quand elle le reposa, ses pensées se réamarrèrent en elle. Demain, décida-t-elle, je peindrai la mer.

Delcourt
La littérature en mouvement

Priya BASIL – *Be my Guest*
Traduit de l'anglais par Carole Hanna

Yoav BLUM – *La Fabrique des coïncidences*
Traduit de l'hébreu par Sylvie Cohen

Oyinkan BRAITHWAITE – *Ma Sœur, serial killeuse*
Traduit de l'anglais (Nigeria) par Christine Barbaste

Michel BUSSI – *Les Contes du Réveil Matin*
Illustrés par Éric Puybaret

Hernán DIAZ – *Au loin*
Traduit de l'anglais (États-Unis) par Christine Barbaste

Martin DUMONT – *Le Chien de Schrödinger*

Aminatta FORNA – *Le Paradoxe du bonheur*
Traduit de l'anglais (Royaume-Uni) par Claire Desserrey

Anne GRIFFIN – *Toute une Vie et un soir*
Traduit de l'anglais (Irlande) par Claire Desserrey

Mohamed HANIF – *Des Oiseaux rouge sang*
Traduit de l'anglais (Pakistan) par Bernard Turle

Peter KALDHEIM – *Idiot Wind*
Traduit de l'anglais (États-Unis) par Séverine Weiss

William Melvin KELLEY
Un Autre Tambour
Traduit de l'anglais (États-Unis) par Lisa Rosenbaum
Jazz à l'âme
Traduit de l'anglais (États-Unis) par Éric Moreau

Randy KENNEDY – *Presidio*
Traduit de l'anglais (États-Unis) par Éric Moreau

Dirk KURBJUWEIT – *Peur*
Traduit de l'allemand par Denis Michelis

Sarah LADIPO MANYIKA – *Comme une mule qui apporte de la glace au soleil*
Traduit de l'anglais (Nigeria) par Carole Hanna

Gianna MOLINARI – *Ici, tout est encore possible*
Traduit de l'allemand (Suisse) par Françoise Toraille

Dorthe NORS – *Ceinture, rétro, clignotant*
Traduit du danois par Catherine Renaud

Emilie PINE – *Notes à usage personnel*
Traduit de l'anglais (Irlande) par Marguerite Capelle

Kevin POWERS – *L'Écho du temps*
Traduit de l'anglais (États-Unis) par Carole d'Yvoire

Żanna SŁONIOWSKA – *Une Ville à cœur ouvert*
Traduit du polonais par Caroline Raska-Dewez

Lise TREMBLAY – *L'Habitude des bêtes*

Cherise WOLAS – *La Résurrection de Joan Ashby*
Traduit de l'anglais (États-Unis) par Carole Hanna

Ann YU – *Porc braisé*
Traduit de l'anglais par Carine Chichereau

Composé et mis en pages
par Nord Compo à Villeneuve-d'Ascq
et achevé d'imprimer en 2020
par GGP Media GmbH, Pößneck,
pour le compte des Éditions Delcourt,
8, rue Léon-Jouhaux, 75010 Paris

MIXTE
Papier issu de
sources responsables
FSC® C014496
FSC
www.fsc.org

Dépôt légal : Juillet 2020
Imprimé en Allemagne